ちくま文庫

「読み」の整理学

外山滋比古

筑摩書房

はじめに

ずっと本を読む生活をしてきたが、読むということ自体を考えるようになったのは、かなりあとになってからである。

まず、はじめに苦労した外国語の読みについて、ひとつの仮説を得た。「修辞的残像」である。それまではっきりしなかった読みの微妙なところに少しばかり光をあてることが出来たように考えている。

その後、外国語だけではなく、一般の読みについて、二通りの読み方があることに気付いた。内容がわかっている文章を読むのがそのひとつ。もうひとつは、書かれている内容がよくわからない文章の読みである。同じ読みといっても、両者はまったく別のものであると言ってよいほど異っていると考える。いくら、前者、つまり既知の読み方ができても、後者の未知の読み方はそれにつれてうまくいくとは限らない、どころか、まったく読めていない。そういういわば発見である。

これまで読書の方法を論じ、教えるものはかならずしも少なくないけれども、既知の読みと未知の読みを峻別し、本当に読むとはいかなることかをつまびらかにしたものはなかったように思われる。

この本は、これまでにない考えにもとづいており、はっきりしなかったところに目を向けた読解についての考察である。これによってものの読み方に関する考えが変るであろうことを期待する。

目次

「読み」の整理学

序章

1――未知が読めるか

「この文章、間違っています。直してください」

という手紙を受け取った。もう三十年も前のことである。

ある中学校国語科の検定教科書、三年用にわたくしの文章が載っていた。「虚々実々」という題がついているが、もともとは中学生向きに書いたものではない。教科書編集の人が、はじめ教材にしたいと言ってきたとき、中学生には無理でしょうと、いったんは断った。しかし、どうしても載せたいと言われるので、多少、加筆したり、言い換えをしたりして、教科書風に書きなおした。しかし、まだ、わかりにくい文章である。

実際に、教室で使われるようになって、この文章のことがぼつぼつ伝わってくるようになった。抽象的でわかりにくい、おもしろくない、教えにくい、などといった苦情ばかりで、筆者としてははなはだ不本意であった。やはり教材にはすべきではなかった。自分としてはぎりぎりのところまでやさしく書いたつもりであるが、あまり勉強熱心でもない生徒に読ませるのはまずかったと思っていたときである。

「この文章、間違っています。直してください」

そう言われたのである。はじめは、さほど驚きもしなかった。不適当な教材だから、こんな見当違いのことを言ってくるのだ、と軽く受け流した。というのも差出人が、三年二組クラス一同となっているのに心を許したのかもしれない。もののわからない中学生である。思いつきを、ことばも選ばずに、手紙に書いて寄こした、と思ったのである。

それにしても「間違っている」とは聞きずてならぬことばである。いやしくも検定も通った教科書である。中学生にもわかる誤りがあるはずがない、とは考えないのか。直せ、というのもこどもらしくない言い方だ。わけがわからなかったら、どういうことか説明してほしいというのが筋だろう。頭から誤りと断定するのは乱暴である。考えているうちだんだん不愉快になった。大人気なく怒って反論など書いてはみっともない、と思ったから、あえて無視することにした。手紙は説明を求めたり、返事をほしがっているのではなく、威たけ高の命令調である。そんなものに、だれが返事をするものかと意地になった。にぎりつぶして、放っておいた。その中学校の生徒たちにかなり腹を立てていたから、手紙をかけば、それがあらわれることを怖れる気持もあった。

中学生が槍玉にあげたのは次の箇所である。

「ことばとそれがあらわすものごととの間には何ら必然的な関係はない」

自分で見ても、決して親切な書き方ではないし、一読してすらりと呑みこめないことはよくわかる。しかし、あとの方を読んでいけば、具体例もあって、わかるようになっていると思っていた。この文だけをとりあげて「誤り」だときめつけられたのはおもしろくなかった。しかし相手は年端もいかない中学生である。怒ったりしては大人気ない。

どうして間違いと断定したのか、はっきりしないが、彼らの手紙によると、辞書で一語一語をひいて意味をたしかめたが、どうしても正しいとは考えられない。「直してください」と書いている。辞書をひけば正しい意味がとれると思うのは、中学生だからしかたがないが、文章を読む訓練を受けていないからである。辞書は単語の意味はある程度教えてくれるけれども、文章の意味のある部分は範囲外である、そういうこともわからずに辞書を使うのは辞書使いの辞書知らずである。生徒がそうであっても責めることはできない。先生だってわからない人がゴロゴロしている。

どれくらいたったか覚えていないが、同じ中学、同じクラス名で再度の手紙が届いた。なぜ返事をくれないのか、とある。実は、わがクラスはこの文章は欠陥教材であると、クラス決議をし、筆者へ通告することにしたとあるから、もう一度びっくりする。返事をしないのは、出来ないのだろう、といった調子である。もう大人気ないなどと言っていられる段階ではない。

それにしても、彼らの先生はどこで何をしているのか、顔さえも見えないのは不思議であるが、ほかのことに忙しくて生徒の自主的学習に委せているのだろうか。

つとめて感情的にならないように書いたつもりだったが、二度も腹を立てさせられているのだから、甘いことは言っていられない。諸君はこの文章が読めないのだ、ということを書いた。読めなくてもしかたがないが、わからないのは誤りだとするのは、たいへんな思い違いである。不遜であるとも書いた。

「ことばとそれがあらわすものごととの間には何ら必然的な関係はない」ということ

がわからなかったら、一語一語、字引きを引いたりするのではなく、この文章をひっくりかえして、ことばとそれがあらわすものごととの間に必然的関係、つまり切っても切れぬ関係がある、としたらどうなるか、を考えなくてはならない。もしこのひっくりかえした文章が正しければ、さきの文は誤りになる。

もし、ことばとそれがあらわすものごとが切っても切れぬ関係になるとすれば、イヌということばはあの小動物と同じになる。つまりイヌはどこの国でもイヌと呼ばれなくてはならない。実際には、イギリスのイヌはドッグ、ドイツのイヌはフントになる。つまりイヌということばとイヌという動物の関係は任意の約束である。「必然的な関係」ではない。

こんな理屈を中学生にわからなくてはいけないというつもりはない。わからなくても、そういうものであると頭に入れればよい。それが読むということだ。そんな意味のことをくだくだ書いた。さすがに、もう何も言ってこなかった。

あとあと、憶い出すたびに不愉快になる〝事件〟であるが、これがきっかけになり、いつのまにか、ことば・文章を読むということの本質を考えるようになったのは思わぬ収穫であった。

われわれが、普通、読んだ・わかった、といっているときの読み方は、低次元の読み方である。これではせいぜいありふれた身近な知識を得ることが出来るだけ。本当に学ぶべき、知る価値のある内容であっても、読み手の経験しない、つまり、知らないことがらについての文章は、さきの低次元読みでは歯がたたない、ということがわかったのである。

つまり、わかることは読めるが、わからないことは読めない、ということである。学校などが教える読む技術は、ほとんど前者で知っていることをあらわす文章を読むことに終始していて、未知を読むことにはほとんどふみ込んでいない。われわれは、既知を読んで、ものが読めると思っているけれども、それは未知を読むための準備段階であって本当に読んでいるとは言えない。

さきの中学生は、そういう高次の読みというものがあるということも知らず、低次の読みでわからないものは誤りだと判断した。いかにもこどもらしい幼稚さであると、それを笑うことはできない。未知を読むことは高度の知性、想像力のはたらきによるものであるから、ひとみな等しく、そういう読み方が出来る保証はまったくないといってよい。

本を読めども本は読めない、という人間がいかに多いか。

この本は、未知を読む読書の方法を考えようとするものである。それがいわば未知の世界へ地図もなしにふみ込むようなものであることを覚悟している。

2―マニュアルがこわい

ワープロという夢のような機械があらわれて、若い人を中心にわれもわれもとワープロを使い出した。しばらくすると、はがきや手紙までワープロで打つのが流行するようになる。はじめは、そんなものを、とバカにしていたうるさ型の人たちも使い始めるようになった。

そんなときである。ある公的研究機関の評議員会が開かれていた。外部の委員が集まって、その研究所の業務などについて報告を受けたり、助言を行ったりする会議である。

あるとき、その評議員会が終って、昼食をしながら一同歓談ということになった。メンバーは、言語、文章、国語などの権威者ばかりである。

ひとりの声の大きな評議員が、

「ワープロを始めたのですが、使い方がわからず往生しました。もちろんマニュアルはついているのですが、これが役に立たないのです。いくら読んでも、さっぱりわからない。しまいには腹が立ってきました」

と言うと、それが口火になって、ほかの人たちが、そうだ、そうだ、と相槌をうつ。同じような思いをしていたのであろう。はじめの評議員が、

「技術者は技術にはもちろん詳しいでしょうが、文章の書き方を知らないのです。自分たちにわかっているから、一応のことを説明すればわかると思っているのでしょう。正しく、わかるように書くことを教えないといけません。ああいうマニュアルは欠陥品です」

とやる。それにつづいて、理科系の人がいかにことばを粗末にするか、文章の書けないのが多いか、などがこもごも話し合われ、ついには国語教育の不備というところに落ち付いた。

十数名の評議員のだれひとり、マニュアルがわからないのは、読む側に読む力がないからである、と言った人はいない。みんな、マニュアルを書いた技術者の悪文、不親切な表現のせいにしたのである。ことばについて一家言どころか、専門家としての

見識と教養をもっている人たちである。まさか、自分たちに読めない文章があるとは思わない。読めなければ、書いた方が悪い。文章が文章でないからだ。そう考える。

マニュアルは商品についているいわば売りものである。わけのわからぬものを作って客に読ませるわけがない。書き方は上手でないかもしれないが、ワープロを動かすことのできる情報は伝えているはずで、そうでなければ、メーカーの内部でもチェックされるに違いない。実際、大多数の使用者は、そのマニュアルで何とか操作を覚えて使っている。その人たちは、わかりにくい、とは思ったかもしれないが、文章が書けない人が作ったとは考えない。わからないところがあれば何度も読みかえし、実地に機械をうごかしてみて、動かすことができるようになる。

ところが、ことばの専門家で、もちろん読書力にも自信をもっている研究所評議員たちは、自分たちに読めないものはない、という根拠のない自負をもっている。われわれに読めないのなら、文章がいけない、と勝手にきめてしまう。自分たちの読み方が足りないのではないかと反省するだけの謙虚さに欠ける。

文学作品や評論のようなものを読んで、文章が読める、というのは、いわば、錯覚である。科学、技術などの文章はほとんど読んだことがないから、詩を読むようなつもりで、マニュアルを読むという誤りをおかして平気でいられる。マニュアルを読むには、小説を読むのと違った頭のはたらきが必要である。それをことばの専門家でもご存知ないらしいことを暴露したのが、さきの評議会の雑談である。学者、評論家といわれる人たちのことばの教養を疑わしめる、情けないエピソードである。

未知のこと、ほぼ完全に未経験なことがらをのべた文章というものは、読み手にとって暗号のようなものである。ざっと一読してわかるように考えたら大違いである。想像力をはたらかせ、筋道を見つけ、意味を判断するという高度の知的作業が求められる。昔の人は、そういうとき〝読書百遍、意おのずからあらわる〟と言ったが、百遍くりかえしてもわからないものはわからない、ということがすくなくない。まして や、自分の教養、知識をハナにかけて、読んでわからないと、文章が悪いからだと言うのは、思い上りである。

知らないことを文章で知るのは、マニュアルに限らず、つねに困難である。早い話が、知らない人に、自宅までの道順を、うまく文章で伝えられる人は相当なことばの達人である。ことばで説明してあっても、訪ねてくる人は道に迷う。この場合、教える側の言い方がわるいということもあるが、それを読む人の勘も悪いのである。

文章で所在を伝えるのは難しいから、多くの場合、略図を書く。会場の案内にはたいてい略地図が入っている。これで、すらりと目的のところへ行かれるというのは例外で、たいていは通行人にきいたりしなくてはならない。

文章で地理をあらわすことはきわめて難しいし、それを読み解くのも骨である。そこへいくと、地図は、いっそう抽象的であるから、地図を見て、読んで、実地を頭に浮べるのは、たいへんな想像力がいる。解釈する力がないと地図はそのもっているものを語らない。地図を読むのは、本を読む以上に、読む力を必要とする。それだけに地図は読める人にはまことにおもしろい。

戦後、アメリカにならって、所得税が自己申告になった。毎年、三月十五日までに、年間の所得の確定申告をしなければならない。この書き方が難しい。書き方の「手引き」がわかりにくい、と文筆家や大学教授たちが非をならした。税金をとられるのがおもしろくないところへもってきて、申告書の書き方がわからない。手引きの説明もわからない。それが読めないと白状するのは知識人のプライドが許さない。口々に税務署の手引きが不親切だとさわぎ立てた。

実際、税務署の手引きがあまり上等でなかったらしく、方々で槍玉にあがって、苦心したのであろう。だんだん改善され、数年たつと手引きに対する悪評は聞かれなくなった。もちろん表現がよくなったこともあるが、納税者がそういう文章の読み方に馴れたということが大きかったと想像される。

もともと、わかり切ったことなど、読んでも役に立たない。わかっているものを読んでおもしろいのは別の頭のはたらきである。

未知のものを読んでわかってこそ、はじめて、ものを読む甲斐があるというものであるが、本当は、わからないことを書いてある文章を読んで、わかるというのは大変困難で、わかれば幸運といったくらいのものである。そういうことを一度も考えずに、自分はものが読めるように考えるのは誤っているが、それに気づかない。

われわれは、すこし間違った、あるいは、おくれた読み方を身につけてしまっているのかもしれない。真に文章、ことばを読むということは、どういうことか。どうすれば、そういう読み方ができるようになるか。われわれは、一度も真剣に考えたことがない。一度もいわゆる読書ということに疑問をいだかない教育をうけて、知識人、ホモ・サピエンスのように考えているとしたら、すこし滑稽ではないか。

そういうことを念頭において、読むということを考えるのが、この本である。

3――論語読みの論語

ある英語の教師が「読み方のうまい学生で、まるで意味がわかっていないのがあります。逆に、内容を理解している学生は、たいていごつごつつっかえて、うまく読めません」と言う。

きれいな発音ですらすら音読できるくせに意味はさっぱりわからないというのは、読むということばが音声で文字を読み上げるということに用いられているからである。意味がわからなくても、充分、読むことはできる。

あるところの、あるこどもが、英語を読むというので、評判になったことがある。いくらなんでもおかしいと思って、その読みを見たら、なんのことはない。アルファベットをひとつひとつ読み上げていくだけだったそうである。内田百閒《うちだひゃっけん》の随筆に出てくる話だが、大人たちはエイ、ビー、シーが読めるのを英語を読むと思っていたのである。もちろん、昔の話だが、声に出せれば読めたと考えるのは、あながち、無知蒙昧のせいばかりではない。

もともと読むというのは音読することであった。文字を声に出して言うことが読みのもとの意味である。つまり音読である。これはどこの国でも、そうである。意味をとって読む黙読は比較的新しい読み方である。日本でも、戦前、昭和十年ごろまで、新聞を声を出して読むお年寄りがいた。かれらは声を出さないで読むことができなかったのである。

とにかく声を出して読めれば、読めたのである。意味は、もともと、絶対的な問題ではなかったのかもしれない。

幼稚園が保護者向けに通知の掲示をする。みんな見てわかったような顔をするが、あとで、そっと用務室をのぞいて、掲示板に書いてあるのは、何のことですか、とき く人がひとりやふたりではない。「そこそこの教育を受けているのでしょうに、あれくらいのことが読めないのでしょうかね」といって用務員が優越感を味わう。文字が読めないのではない。どうすればいいのかがわからないのである。声の読み、文字の読みが、そのまま意味の読みになっていないことのあらわれである。

明治初年、西欧文化、文明をとり入れて、日本人はおどろくことが多かった。話すことばと書くことばが一致しているのを知って、文化的衝撃を受けたのはその一例である。日本では文章のことばと談話のことばは大きく異なっているのに対してヨーロッパの言語では文章（文）と談話（言）とがほぼ一致している。外国に追いつくには、やはり言と文を一致させなくてはならないと考えた。それが明治二十年代に始まった言文一致運動である（こまかく言えば、ヨーロッパにしても、完全に言文一致しているわけではない。ただ言文二途のわが国に比べれば、言文一致だとしても差支えないだろう）。

涙ぐましいばかりの努力にもかかわらず、日本語の言文一致はなかなか実現しないどころか、百年余りたった現在においても、なお文と言の乖離《かいり》は決して小さくない。しかしそれを言文一致だと称して怪しまない。おかしいと言う人もいない。

言文一致運動をした人たち、そして広く一般の人たちは、なぜ、日本語が長く言文別途であったのか、どうして言文一致への努力がうまく結実しないのかを問うことがなかったのは日本語の特性に対する洞察が不足していたからにほかならない。

ヨーロッパ語はアルファベットで表現される。アルファベットは音声をあらわす記号であるから、書くも読むも同一原理にもとづいている。つまり西欧語は日本語でいえば仮名に相当するものだけで出来ている。言文一致して当然である。

ところが、日本語は、仮名と漢字という違った性格の文字を混用して、漢字まじり仮名文、ときには仮名まじりの漢文を書いてきた。仮名は音声記号、漢字は書記記号である。仮名部分は言文一致できたが、漢字部分はにわかに読むことができない。言文一致はもともと無理なのである。日本人の読みが、欧米人のリーディングとは異なる困難をかかえるとすれば、この漢字部分である。外国を真似て言文一致にしようとしてもうまくいかないわけがある。

言文一致ができにくいということは、日本語を読むには欧米の読みとは異なった知的作業が求められるということである。欧米流の読みに比べて、日本語の読みは格段の困難をともなうのである。音読ができても、読んだことにならないのが日本語である。

言の要素がなく漢字だけで綴られているのは漢文である。数百年来、漢文を読むことが読みのすべてであった。読みだけでなく漢文を読むことがほぼ学問のすべてであった時代が永く続いた。

アルファベットのみで組織されている欧文を読むのでもかなりの訓練を要するが、音声と意味をあわせもつ漢字を読むのはきわめて高度の知的作業を必要とする。わが国では、これを素読という方法で解決しようとした。うまく行かない、つまり漢文の読めるようにならないケースもすくなくなかったのは止むを得ない。むしろ、読めるようになったことにおどろくべきだろう。そのときの方法というのは素読である。

素読とは「意味を考えないで、文字だけを声を出して読むこと」（大辞林）である。テクストは最高の古典。師匠が声を出して読むと、弟子は、それについて音読する。くりかえして読むことがあっても、声を出すだけで、先生は字句についての意味など一切教えないまま、次へ進む。反覆練習する必要があっても、なお、意味にはふれない。だからこそ〝素〟読である。素読の教育を受けたものはいつとはなしに、音読と意味をとるとは別のことであるのを承認し、意味もわからず音読することになれてしまう。「巧言令色鮮矣仁」（「論語」学而第一）は「コウゲンレイショクスクナイカナジン」と言えれば、それで読めたことになる。巧言って何か、令色とはどういうことかなど気にすることはない。してもわからないが、それでよし、とするのが素読である。意味はどうするのか、と心配する人は、わかるときには、わかる、などという禅問答みたいな答えで満足しなくてはならなかった。

本の内容を頭で理解するだけで、それを具体的に生活の中でどう生かして行くかに思いいたらないのを俗に「論語読みの論語知らず」という。素読はもう一段低い「論語読みの論語知らず」であった。内容を理解したりできない、ただ、漢字を声に出して読むだけの〝論語読み〟である。〝論語知らず〟であるのは当然すぎるほど当然である。素読はこういう低次の「論語読みの論語知らず」を育てたのだが、それが日本の文化を支える基盤になったのであるから複雑な思いをさせられる。

教育としての素読が消えてからそろそろ百年になろうとしているが、素読の伝統はいまも日本人の読書、読み方に、色濃く影を落している。読めるということと、理解するということが別々であるのが日本語である。読めても読めていない。それをさほど気にしない。〝論語読みの論語知らず〟はいまなおいたるところにゴロゴロしていると言ってよい。

新しい読みの理論が求められているわけで、この本は、ささやかながら、その試みをしようと考える。

第I章

1——わかりやすさの信仰

難解信仰のたそがれ

戦争が終わって、しばらくすると、目にふれる文章が急にやさしくなったような気がした。表現の上にも、新しい時代が訪れたことを感じさせられたものである。

かつての、だれにもわからないような総合雑誌の巻頭論文が、時代錯誤の嘲笑とともに口にされるようになった。わかりやすいことはよいことだ、という考えが急速に広まりつつあったように思われる。

それには、当用漢字の制定や、新仮名遣いの導入ということもいくらか関係していないとは言えないけれども、問題は、より深く文章論にかかわりをもっている。人々は文体の改革を求めていたのであろう。それまでの日本人の間には、はっきり自覚されていたかどうかは別として、難解信仰とも言うべきものが認められる。すぐれた思想は、ふやふやした文章の中などにあるわけがない。まなじりを決してとり組み、心を込めて味読してはじめて読書と言えるのだと考えられてきた。

だからこそ、まるで何を言っているかわからぬような文章が、むしろ難解であるが故に、編集者からも、読者からも必要とされたのである。戦前に訳された社会科学の本の翻訳などは、しばしば原文を読むのよりも大きな忍耐を要するものである。しかし、それを難ずる声はほとんどきかれなかった。

そういうものを読んではじめて〝勉強〟になる、おもしろい本など読んでいたのでは学問したことにならない。そういう禁欲的な考えが支配的であった。

こうした状況では、文章の難しさが欠点となるのはきわめてまれな場合にかぎられる。ものを書く人は、平易な表現になることをむしろ怖れていたのではあるまいか。ある重厚な学者は、論文を書いていて、すこし調子がついてくると、あえて、ペンをおいた、という。筆が上すべりするのを避けるためである。軽い文章、調子のよい文章は下等なものという考えが、その背後にはある。

この難解信仰に打撃を与えたのが、アメリカから渡来した、わかりやすいことはよいこと、という平明の信仰である。これまでの難解信仰はことに知識人の間でつよかったが、この新しい平明信仰も、まずオピニオン・リーダーたちによって広められた。読みやすい(リーダブル)ということがしきりに言われるようになる。口にリーダブルをとなえても、長い間、格式を重んじ、イディオムを崩した翻訳文体になれてきた人たちに、急に平明な文章の書けるようになるわけがない。目標がはっきりしてきたあとも、なお、長い間、実際は古い重厚、難解の表現が主流を占めていたようである。

「リーダース・ダイジェスト」の衝撃

一般の目に、これがアメリカ式の平明さなのか、と目を見はらせるものがあらわれた。日本語版の「リーダース・ダイジェスト」の創刊である。雑誌としては総合雑誌の部類に入るものであったが、在来の日本の総合雑誌とはまるで趣きが違っていた。普通の人が読んで、「全部わかる」ようにできている。読んだ人々は、これまでの雑誌にはかならず読んでわからぬところがあったことをはじめて自覚するようになった。

戦後の日本の文体の革命は日本語版「リーダース・ダイジェスト」によって幕を切って落されたと言ってよかろう。

その日本語訳には、当初、相当な英米文学者が当たっていたが、文体について、かなりこまかい指示を受けていた。一センテンスは原則として何字を越えないこと、といった制約は、それまでの翻訳には考えられないもので、訳者たちの苦心は並たいていのものではなかったであろう。しかし、苦心は充分に報いられた。

一時は毎月百万部を超える発行部数を維持し、入手するのに行列ができたという噂まであった。アメリカの文物を吸収しようという気持がそのころ、いかに強かったかという証拠でもあるが、同時にまた、訳文の清新な文体の魅力も忘れるべきではあるまい。われわれ青年はその平明な行文につよい印象を受けた。もっとも、年輩者の間には、〝水っぽい〟文章にあきたらぬ思いをすると、不満を表明する人もすくなくなかった。

それからの五十年の時の流れをふり返ってみるに、「リーダース・ダイジェスト」によってふみ出された、わかりやすい文体への行進は一度も逆行することなく続いていると言わなくてはならない。それをわれわれがほとんど意識しないでいるのは、おもしろい。

とにかく、わかりやすく書く、というのが錦の御旗であった。リーダブルな表現なら、読者に喜ばれる。雑誌なら部数がのびる。しばしば、わかりやすいことがおもしろいことと重ね合わされるようにさえなった。

平明の信仰が確立したのは、昭和二十年代の後半から始まった新しい週刊誌の創刊とその成功による。電車の中でも抵抗なく読めるものが大量にあらわれた。それに比べると、新聞すら、すこし、シキイの高いものになりつつあった。

平明至上主義

わが国の学校国語教育は、ずっと、難解信仰によって支えられてきた。難しい文章を読めなくては、すぐれた思想、知識を得ることができない。それを読みこなす能力をつけておかなければ教育を受けたことにならない。読み書き、ことに読みにはたいへん力を入れた。漢文という半外国語も教えられた。日本語は、国漢といって、国語と漢文の二本建てになっていた。小学校では漢文は教えなかったが、かつての中等学校では漢文は重要科目の一つである。

平明さの信仰が広まるにつれて、国語教育は支柱を失うことになった。苦労して読み方を教えなくとも、走り読みをすればわかる文章が多くなってきた。文章が読者の方へ歩み寄ってくれる。読者は安んじて怠惰でありうる。

こうして甘やかされると、読者に根気がなくなる。すこし難しいと、たちまち、おもしろくないといって、投げ出す。マスコミは読者を失っては成立しないから、読者のお気に召すように次々と手をうつ。読者はいよいよ、わがままな怠けものになるというわけである。

マスコミに限らず、戦後の出版界において、平明信仰は、具体的に書くのを至上の要請とした。かなり専門的な刊行物においても、原稿の依頼には、「なるべく例をたくさん入れて、具体的にお書き願います」といった注文がつく。例のない原稿には、具体例を入れてほしいとクレームのつくこともある。

抽象的ということばには、よくないこと、というニュアンスがいっそうつよくなったようで、ものを書く人はとにかく抽象を怖れている。読者に不人気であるからだ。編集者が嫌うからである。

抽象がおもしろいものであることを知らない人間に哲学のわかるわけがない。かつては華々しい存在であった哲学青年は、気がついてみたら、いつのまにか、姿を消していた。ついで、文学作品の中に韜晦《とうかい》して、俗世を低しと見る文学青年も影がうすくなっている。

そう思うと「リーダース・ダイジェスト」日本語版のまいた種子がいかにめざましい変化をもたらしたか、あらためて痛感しないわけには行かない。

オカユ読者

哲学青年、文学青年がいなくなってきたのと軌を一にするように、ハイブラウ（高踏）とローブラウ（通俗）の区別もいつとはなしに消滅してしまった。ローブラウが決して低いものではないという認識は新鮮であるけれども、高踏をなにか反社会的なもののように感じるのはかならずしも健全ではない。

わかりやすさの信仰は、いまや確乎としたものになっている。戦前と言わず、五、六十年前と比べてみても、いまは難解でわかりにくい表現はずっとすくなくなっている。不必要に難しい文章で読者を苦しめるのは困ったことで、やさしい文章でことが足りるなら、こんな結構なことはない。難しいことでもやさしくしてしまうのは書き手の手腕とされる。

戦後の文体革命は、ことの性質上、送り手側によってなされた。いまようやくにして、出版社と執筆者は、わかりやすい表現を提供できるところまでこぎつけた。

問題は読者である。ほとんど噛まないでものみこめるものばかり口にしていたおかげで、すっかり歯が弱くなってしまった。胃も衰弱している。すこし硬いものに出会うと、歯が立たない。こんなもの食べられるか、といって、オカユを求める。

噛まないのは楽だと言ってはいられない。ものを食べるには咀嚼のよろこびがなくてはいけない。歯ごたえのないようなものでは、食べた気がしないだろう。

さすがにオカユには食傷した。かと言って歯ごたえのあるものを噛むのにはなれていない。どちらもいけない。そう思ってみると、ものを食べる力がなくなってしまっていたのである。食欲自体も衰える。

それが、本離れとか、活字離れという現象に結びついているのかもしれない。

ここで、われわれはもう一度、読むという知的作業の根本に立ち返って考えてみる必要があるのではあるまいか。本が売れた、雑誌が売れる、といって喜び、売れないといって嘆くだけではしかたがない。本当に読めているのかが問題にされるべきであろう。本当には読めていない読者がいくら多くてもしかたがない。もっとも、そういう読者さえ少なくなるというのでは、危機はさらに深いということになる。

2――スポーツ記事

わかり方の差

お互いに〝読む〟ということを、ごくごく気軽に考えている。二口目には、読んだ、読んだ、と言う。そのくせ、どういうのが、本当の〝読み〟であるかには、まるで関心がない。とうとう一生のあいだ一度もそれを考えることなくして終わる人がはなはだ多い。

まず、新聞。

新聞くらい読めなくてどうする。人はそう言うだろう。果たして、新聞を読むのは、そんな簡単なものかどうか、立ち止まってそれを自問することはまれである。

たとえば、スポーツ欄の記事。

これが読めるかどうか、まじめに考える人はほとんどないに違いない。そんなものがわからなくて、どうする。人をバカにするな、といきまくかもしれない。たかが、新聞のスポーツ記事くらい、とたかをくくる。

プロ野球の試合結果はどうか。

「西武が山崎の適時打で投手戦にケリをつけた。延長十一回、西武は2四球で二死一、二塁の好機をつかみ、この試合安打のなかった山崎が外角球を流し打ち。打球は、本塁返球に備えて前進守備をしていた近鉄外野の右中間を抜けて、サヨナラ勝ちとなった。久保は速球、スライダーがよく決まり、東尾と互角に渡り合う力投。しかし、投球数が百五十を超えた十一回は、さすがに疲れが出たようで、制球のわずかな狂いにつけこまれた。東尾は前半、ややスピード不足だったが、しり上がりに調子を上げた」

これは、西武・近鉄十二回戦、3×2で西武の勝った試合である。

この記事を読んで、どういうわかり方をするかは、人によって一様ではない。個人差ということは一応別にして、わかり方に差の生じる事情のあることを忘れてはならない。

この文章を見て、いちばんよくわかると思うのは、実際にこの試合を見た人たちである。この試合、テレビ中継があったかどうか、知らないが、もしテレビ中継された試合なら、それを見た人も同じ仲間に入る。

日ごろから、西武か近鉄をひいきにしているファンであれば、実際に試合は見ていなくても、まず、見た人に近いくらいよくわかると考えてよい。

それに対して、試合も見ていないし、とくに野球好きというわけでもない素人は、この記事を読んで、わかりにくいと感じるところがいくつもある。だいいち、選手の名を知らない。ぶっつけに、久保とか東尾とかやられても面くらう。いったいどちらの選手なのか。

まして、東尾と互角に渡り合った久保が、どうして〝力投〟になるのかのニュアンスはさっぱりである。〝流し打ち〟ということば、〝サヨナラ勝ち〟といった言い方もピンとこない。野球をすこしでも知っている人なら、ごく当たり前のことばに、素人はいちいちひっかかる。

さらにいっそう野球に無知な読者もあろう。ルールさえ知らないで、こういう記事を読むことはまずあり得ないが、かりに、そういう人が読んだら、それこそ、チンプンカンプンである。ただ、そういう読者は、頼まれても、こういう記事を読もうとはしないから、現実には問題がおこらないだけである。

〝難しい〟記事

新聞には、そういう記事、つまり、ある程度の知識がなければ、まるで見当もつかないような〝難しい〟記事が実はたくさんある。野球のことには精通していて、さきのような記事なら手にとるようによくわかると思う読者でも、株式市況のページに書いてあることはまるでわからない、ということはあり得る。

新聞は万人向けのもののように思われているが、理解するには、ある程度の予備知識、常識が必要である。社会面の市井の事件を報じる記事でさえ、わかるのには、ある程度、現代世相に通じていないといけない。孤島で三十年ひとり暮らしをしていたような人がひょっこりあらわれて、読んでも、わかるわけがない。

新聞を隅から隅までくまなく読んだ。退屈をしている人がよくそんなことを言う。ところが、読んでわかるにはかなり百科全書的知識をもっていることが条件になる。特定の欄だけなら隅から隅まで読めるかもしれないが、第一ページから、最後のページまでくまなく読んでわかるのは容易なことではない。

はじめの西武・近鉄戦の記事にしても、ファンの人、試合を見た人と、野球をあまり、あるいは、まったく知らない人とでは、読まれ方がまったく違う。それを同じように〝読む〟と言うのがおかしいのかもしれない。

ファンであれば、「山崎の適時打で投手戦にケリをつけた」が、いかにもうまい表現だと感心しよう。その「流し打ち」が目のさめるようなラインをふたたびほうふつさせてくれる。心がおどる。球場の興奮がよみがえるような気さえする。

こういう読者は、こまかいところにこだわることをしない。全体としてわかる。ことばはいわばその手引きをしているにすぎない。具体的経験や知識が先にあって、文章を読むときには、いつもこれに似たことが起こる。

他方、野球に不案内な人間が、さきの記事をわかろうとすると、一つ一つのことばにひっかかる。全体像がつかめない。部分のことばから攻めて行くほかに手がないのだが、その部分自体がまたわからないことずくめだ。手も足も出なくなって、わかろうとすると、たいへんやっかいなことになる。

知らないことは難しい

野球くらいよく知られたスポーツになると、まったく知らない人間というのを想定するのが難しい。知らないようでも、いくらかの知識は耳学問でもち合わせている。

したがって、新聞の記事が皆目見当もつかない、などということはあり得ないことのように思われる。そういうわけで野球だと実感がわかないかもしれないが、まったく知らないスポーツのことが、いかにわかりにくいものかということを、英語の教師は痛感している。

イギリスの国技はクリケットである。英語の本を読んでいると、クリケットのことがよくでてくる。〝クリケットだ〟(It is cricket.)というのは熟して〝フェアだ〟という意味になるほどのお国柄である。クリケットの名手は国民的英雄になること、わが野球におけるのと同じ、あるいは、それ以上でもあろうか。

〝クリケットだ〟というような言いまわしは辞書で片付くからいいけれども、試合の様子を伝える文章に出会うと、それこそ泣き出したくなる。音にはきけども、実際の試合を見たことがない。辞書で単語の意味がわかっても、全体としてどういうことか。なんとしてもつかめない。百聞一見にしかず、とはよく言ったものだ。もちろんイギリスの新聞にはクリケットの記事が大きく出ているけれども、それを読みこなすのは、われわれにとって、シェイクスピアよりも難しい。

日本でながく英語を教えた旧制浦和高校のクラーク先生は日本人がクリケットを知

らないことを残念に思い、それがひいては英語の理解にもひびくと考えたらしい。ある日、教室へユニフォーム、ボール、バットを持ち込んで、ひとりで実演して見せた。先生は学生のときに選手だった。

それを見た学生はいくらか身近に感じられるようにはなったが、なお、靴をへだてて足をかく思いをして、まったく知らないことが、いかに難しいか、身にしみて感じたという。

わかっていることはおもしろい

話を野球に戻す。

実際に試合を見たか、テレビ中継を見たかしたあとで、その試合のことを書いた記事を読めば、完全にわかったような気になり、おもしろいと思う。

サラリーマンが、朝出勤の駅のスタンドでスポーツ紙を買う。試合を見に行った人、テレビで見た人は、まず、その試合の記事を読むに違いない。そして、もう一度、試合の余韻をたのしむ。これが何とも言えず、たのしい。

しかし、そんなに、毎日、試合を見ているわけには行かない。見ないとわからないのか、というと、そうではない。見た試合ほどではないにしてもかなりおもしろい。だいたい、われわれが経験しうることはごく限られている。その点から言えば、この世はわからぬことばかりだが、経験していない、実際はよく知らないことでも、あたかも経験し、実際を知っているように思うことは可能である。類型的経験とも言うべきものだ。

そのこと自体についての、具体的直接的経験はないが、その同類についての知識、経験をもっているのが類型的経験。「どこそこに火事があった」という場合、その火事は見なくても、これまで火事は何度も見て知っている。だからどこそこの火事についてもよくわかったような気がする。火事の新聞記事で、われわれ日本人がクリケットのことを読むときのようなことになるわけがない。

わかっていることについて読むのはやさしく、よくわかり、おもしろい。わからないことを読むのは、ひどくわかりにくい。

だいたい、わかっていることなど読んでどうするのか。読む必要はないではないか、と言われるかもしれないが、われわれの読みはきわめて多く、わかっていることを読んでいる。そして、それが、たいへんおもしろいのである。

3——自己中心の「加工」

ことばは慣れ

新しいことを知る。気安くそう言うけれども、これがなかなか大変である。本当に未知のことは、まずできないと覚悟した方がよい。手がかりになるものがないのである。

手がかりとは何か。既知の事柄である。ことばの理解は、それまでもっている知識や経験によって成立する、というのはいつも頭に入れておくべきであろう。

それがはっきりあらわれるのは、やはり、外国語である。母国語では、知らないようでも、いくらかは耳にし、目に入っていないともかぎらず、既知と未知の境界はさだかでないことがすくなくない。

外国語では、既知の部分がごく少なく、未知との間に明確な一線が画されているのが普通である。ことばの問題を考えるには、極限状況の外国語の理解はしばしばおもしろい手がかりを与えてくれる。

日本でアメリカの駐留軍関係者向けに放送しているFENがニュースを流す。かなり早口にまくし立てるような調子で読まれるこの英語が何とか聴きとれたら、日本人の英語としてりっぱなものだと、ヒアリング（聴取力）は折紙がつけられる。はじめのうちはなかなか聴きとれない。

すこしずつ慣れると、だんだんわかってくる。ことばは慣れであることがよくわかる。はじめは、ひどく早口に思えた英語が、聴きつけていると、それほどでもないように感じられてくる。一般に、話される外国語は実際以上に速いようにきこえるのは、母国語に比べて、未知の部分が多いからであろう。新しいことばの理解にはそれだけ長い時間を要する。ゆっくり話してもらわないといけないのに、普通のスピードで先へ進まれると、追いつかない。実際以上に速いように思われる。

慣れてくると、同じ速さのものが、ゆっくりしているように感じられ出す。米つぶに字を書く芸をする人がある。はじめから字など書けるものではない。毎日毎日、米つぶを見つめる訓練をする。はじめはごく小さく思われた米つぶが、だんだん大きく見えてくるようになる、という。そうして、すこしずつ字を書く練習が始まる。慣れには、そういう心理的変化があるらしい。

固有名詞の魔力

ＦＥＮのニュースで、すこしわかりかけてきて、まず、とらえられるのは、日本の人名、地名など、よく知っていることばである。かなりひどいアクセントで歪められていても、すぐそれとわかる。アメリカ人の名前や、アメリカの地名はどうもよくききとれない。

ニュースの内容にしても、日本の新聞で読んで知っていることなら、内外を問わず、いくらかはわかる。ところが、ＦＥＮが独自で取材した事件のものなどまるで見当もつけられない。

こういう場合、もっとも有力な手がかりになるのは、固有名詞であることに気付く。われわれは外国語を勉強するとき、単語を覚えて語彙をふやそうとするけれども、その単語は普通のことばである。固有名詞にはそれほど関心を払わない。ひとつには、外国語の学習が入学試験の準備として行われることが多いことも関係しているかもしれないが、われわれの固有名詞の知識はまことに貧しい。

ところが、ニュースとか、事件とかには、きまって固有名詞が出る。「昔、昔、あるところに、おじいさんとおばあさんがおりました」などというわけには行かない。ある種の人名、地名は頻繁に用いられる。

使われる度数が多くなればなるほど、ことばのニュアンスのボルテージが大きくなる。ありきたりのことば、普通名詞に比べて、よく用いられる固有名詞はいっそうよい情緒的要素をもっている。

東京の人間が「信州」と言うとき、なにがしか旅行のたのしみ、雑踏を忘れたいという気持を含ませている。「長野」と「信州」は地理的には同じであっても、ことばの心からすると、かなりの違いをもっている。

昔の人が、歌まくら、ということを言ったのも理由のないことではない。短詩型の文学にとってはことに、名所の地名のもつ連想は重要な情緒誘発の引き金となる。歌まくらは古人がそれを知っていたことを示している。

マスコミが、多数の視聴者、読者にアッピールする手段として、ゴシップを好んでとりあげるのも、ゴシップには人名がつきものだからである。その人物も、はじめてきくようなものでは効果がない。知名度の高く、なじみの深い名前ほど、〝おもしろい〟。

感動と誤解は紙一重

ことばは理解する側があらかじめもっているものに合わせたわかり方をする。「カニは甲羅に似せて穴を掘る」。ことばは自分の既知に合わせたわかり方をする。既知がすくなければわからない。わかっていることはわかり、わからないことはわからない。単純明快。知識が多くなればなるほど、ひとのことばがよくわかるようになる。知識がすくなければすくないほど、読んだり聴いたりすることは難しい。

よく、文章やことばを、あるがままに読んだり解したりする、というけれども、客観的な理解ということは、頭では考えられても、実際には存在しない。頭に入ってきたものは、かならず、受け手の先行経験や知識によって「加工」される。

この「加工」が誤解となることもあるけれども、同時にまた、これがわかったという実感を支えていることも忘れてはなるまい。まったく「加工」なしで、おもしろいと思うことは困難である。感動と誤解はしばしば、紙一重である。

ふたたび、外国語を例にとる。その方が問題がはっきりするように思われる。チルドレン・シュッド・ビー・シーン・アンド・ノット・ハード（Children should be seen and not heard.）というイギリスの諺がある。単語のひとつひとつは、中学生でも知っているものばかりだから、すぐわかるか、というとそうは行かない。単語はなるほど既知のものばかりであるが、それが綴り合わさって表現しているものは、多くの日本人にとって、未知である。したがって、わからない。

序章に記述した中学生は「ことばとそれがあらわすものごととの間には何ら必然的な関係はない」という文章につまずいた。単語がわかれば意味がわかると思って辞書をひいたが、わからなかった。それでこれは誤りだと断定した。自分たちのわからぬことは間違いである、という自己中心の考えが素朴な形であらわれた例としておもしろい。

〝チルドレン……〟の諺も、ひとつひとつのことばは易しいが、何を言っているのかわかりにくい。日本で出たある英語諺辞典の著者は、これを、「こどもはよく監督しなくてはいけない。甘やかしてはいけない」と解した。その人は日ごろから、こどもはきびしくしつける必要があると考えているのであろう。それに合わせて、この諺を解釈した。文字からも、無理をすれば、その解釈でいけないことはない。

しかし、この「加工」は誤りである。解釈者が正しくない理解モデルで解こうとしたためである。正しくは、「こどもは人前でしゃべってはいけない。おとなしくしていなさい」というのだ。「見られるべし、聞かれるべからず」とはそういう意味なのである。

「加工」の違い

甲羅に似せて穴を掘る例をもうひとつあげておきたい。

やはりイギリスの諺にア・ローリング・ストーン・ギャザーズ・ノー・モス（A rolling stone gathers no moss.）というのがある。「ころがる石にはコケはつかない」つまり、たえず商売変えをしたり、引越しばかりしているような人間には金はたまらない、じっくり腰を落着けよ、という教訓である。

ところが、同じく英語を使っているアメリカ人の間で、この諺に変化がおこった。「ころがる石には妙なコケなどつかない」というように解され出したのである。優秀な人はたえず活動している。スカウトされて勤めも次々と変わる。サビたり、カビたりするひまもない、というのだ。イギリスでは良い意味だった「コケ」がアメリカではよくないものになった。したがって、イギリスでは感心しない「ころがる石」がアメリカではりっぱな人間のことになる。甲羅が違えば、穴も違う。

このアメリカ的「加工」は、さきの日本人のした「加工」とは違って、アメリカでは定着しかけている。一概に誤解だとは言えない。アメリカ人の考え方のモデルによると、ローリング・ストーンは肯定されるのである。

われわれは、知らず知らずのうちに、ことばを自分に引き寄せて読み、聞いている。もしあらかじめ知識がないと、わかることもわからなくなる。よく知っていることなら、一を聞いて十を知ることができる。本なら斜めに読んでも結構わかるのである。

4――音読

〝発音できれば読めた〟時代

このごろのこどもは小学校へ入る前から文字を読むことを始める。それだけに学校ではじめて文字に接する喜びを味わうことがすくなくなっているのかもしれない。

戦前のこどもは、小学校へ入ったばかりでは、ほとんどがまったく読み書きを知らなかった。「読本」という国語の教科書によってことばの洗礼を受けた。

その巻頭には

ハナ

ハト

マメ

マス

ミノカサ

カラカサ

とあった。いまとは違い、まず片仮名である。

これを声を出して読む。音読である。文字の発音がわかれば、読めたことになる。「ハナ」とは何か。いくら一年生でも、そんなことを知らないものはない。「ハト」だって同じ。声にすることができれば、それと同時に意味もわかる。音意一体、これが音読である。

いまのこどもなら「マス」にひっかかるかもしれない。読むことはできても、米をはかるマスか、魚のマスかがこれだけではわからない。ここで、挿絵が役に立つ。それを見れば誤解する余地はない。どこの家にも米をはかるマスはあった。

「ミノカサ」「カラカサ」にも絵があった。その絵を見てもいまのこどもには、こどもでなくて大人でも、「ミノカサ」が何であるかわからない人は多いだろう。いまや博物館ものであるが、そのころ、田舎の小学生は雨の日には、カサではなく、ミノカサを着て登校するものが少なくなかった。

現代では、音読の教材として、「ハナ」「ハト」「マメ」はともかく、「マス」はあまり適当でなく「ミノカサ」にいたっては不適切である。こどもが日常生活で熟知しているものごとによって、ことばの読み方の入門、音読を行うのが普通である。

読みの基本、音読

声を出して読むと言えば、やはり、昔は新聞を音読する大人がいたものだ。そのころの新聞は総ルビで、すべての漢字に仮名がふってあった。仮名ならなんとか声にできる。それで新聞はだれにも読めることになっていた。そういう仮名をひろって読む人は声を出す。黙って読むことはしない。

声を出して新聞を読む老人に向かって、うるさいから黙って読んだらどうだ、という意地悪なことを言ったとする。そうすると、悲しそうに、声を出さなければ、読めないではないか、と答えたものだ。声を出すから読めている。黙って読んでは意味もわからなくなる。

こういう読者にどこまで内容がわかっていたか疑問であるが、当人たちはりっぱに読んだつもりになっていた。声を出せば、読めると思っていた。黙読が一般的になったのは、それほど昔のことではない。

新聞を音読する読者は決して異常なわけではない。もともと、「読む」というのは、どこの国においても、まず、声を出す音読を意味する。黙読から読みの始まる国はなかったのではないか。

十四世紀、イギリスに英詩の父と言われたジェフリー・チョーサーという詩人がいた。その詩の中に

「彼は石のごとく読んだ」

という一行がある。これはまぎれもなく黙読をしたことを示しているが、たいへん斬新な読み方をする文人、読書人であることを強調しようとしたのであろう。そのころ、すべての人は歌うように読んだと想像される。

こうして、どこの国でも、実に長い間、音読が正統的な読み方であった。そのことをいまの人間はともすれば忘れがちである。それにつれて、音読そのものの影も薄くなった。かつては、学校の近くを通ると、教室から教科書を斉読する声が風にのって聞えてきたものだが、このごろは、珍しい。大人で朗読するのはよくよくのことで、音読が読みの基本だなどということが忘れられるのもいたしかたない。

よく知っていることば

ところで、いまのこどもは、どういう教科書で、ことばの最初の勉強をしているのか。「こくご」（光村図書、一年上）のはじめは、こうなっている。

はじめの見開き二ページにはただ

「なかよしの　き」

という題だけあって、あとはすべて絵である。その次の見開き二ページも、絵だけで文字はない。その絵によって、情景がはっきりわかるようになっている。

その次の見開きのところが、はじめての本文

たかい

たかい

みえる

みえる

が出る。昔の教科書が、名詞ばかり並べたのに対して、これは、「たかい」という形容詞、「みえる」という動詞をまず出しているのが目をひく。

「たかい」にしても、「みえる」にしても日常の生活のなかでよく知っていることば

である。ここでは絵によって、さらにそれが明確になっている。まかりまちがっても、わからないということはない。声に出せれば、わかる。「たかい　たかい」とくりかえすことで調子がでる。同じく三音の重複「みえる　みえる」でリズムもでる。

そのあとには

あおい　そら

くもの　うえ

わたれ

わたれ

そらの　はし

おほしさま　きらきら

おつきさま　にこにこ

さいた

さいた
きれいな　はな

となっている。これでもわかるように音読させる文章にはリズムを出そうとして、半ば童謡的になる。調子にひかれて読むことができる。

歌のようだと言えば

「うさぎおいし　かのやま」

という歌詞を、長い間、あの山のウサギは食べるとおいしいという意味だと思っていた子があったという笑い話がある。こどもには文語（追いし）がわからなくて当然である。唱歌は声を出す点では音読に似ているけれども、意味があいまいなものでも、何となくわかったような気がする危険が大きい。

読めて読めない危険

声を出して読めるようになると、意味のよくわかっていないのに、読めたように思うことがおこってくる。まさか、小学一年生の音読にはその心配はないけれども、大人になって、文字が不自由なく読めるようになると、文字面だけ読んで、内容がはっきりしないということがおこる。

それがひどくなったのが、「論語読みの論語知らず」である。これはかならずしも、声を出す読み方とは限らないが、ことばの形式は読めていても、内容の理解がともなっていない読みをさすことばとして古来、よく知られている。

他方の黙読では、形式の読みはおさえて、もっぱら内容に注目する。だから、ときに音としては読めていないこともある。

音読が声意一体の既知のことがらを内容とすることばを読むところから始まるために、文字さえ読めれば、内容がいくらか不たしかでも、読めたという誤解を生じやすい。その結果、きわめて多くの読者が、知らず知らずのうちに、論語読みの論語知らず、であるということになる。論語のようなすぐれた本ならとにかく、何でもないような文章についても、読めども読まず、ということがすくなくない。

そういう読者が多くなるのでは、いくら形式的、量的な教育が普及しても、読者はすこしも賢くならない。それにつけこみ、そういう読者に迎合するものがあらわれる。

ところで、日本語には、仮名と漢字の問題があり、その漢字の読み方は複雑である。声に出しては読めないが、意味はわかっていることもあるし、声に出して読めはするが、意味ははっきりしないということもすくなくない。見れども読めず、というのは、ことに地名、人名において、いちじるしい。

日本語の事情に不案内な外国人が日本人を笑う。大学まで出たという人が、どうしてなんでもない駅の名が読めないのか、と。

人名でも似たことがある。初対面の人を紹介される。呼び方はわかるが、どういう字を書くのかはわからない。名刺交換が必要だ。未知の人から手紙が来ると逆のことがおこる。住所氏名の読み方がわからない。電話をかけようとして、途方にくれる。

音読は、ことばの形と内容の渾然一体の状態において始まり、その範囲内にとどまることが理想である。

読み方の教育が、既知を読む典型である音読から始まるのは理にかなっている。長らくこれが読みの中心であったのは偶然ではない。

第II章

1――教科書の憂鬱

読むのが嫌いになる

小学校へ入ると、まず、音読をする。これは、前にものべたように、例外もあるが、たいていは、既知のことがらを読む。文字のよみ方さえわかれば、声が出せる。声になったとたんに、意味は了解される。

字を覚えれば、それだけ多くのことが読める。おもしろい。こどもは読むことに興味をもつ。

はじめのうち、ものを読むことの嫌いな児童はすくない。よくわかるからである。

このごろ幼稚園で文字を教えることが流行している。こどもが文字を覚え、ものを読むことができるからといって、いかにも教える人の手柄のように考える向きがすくなくないが、それはおかしい。知っていることを読むのなら、いくら幼い児でも、ある程度はできるのである。

ところが、中学校になると、もう、はっきりものを読むのが嫌いだという生徒があらわれる。幼いときにあれほど読むことに関心を示したのに、いつ、どうして、読むのを面倒がるようになるのか。

はじめの読み方とは違った読み方をしなくてはならないからである。そしてその読み方の教育にいまの学校は充分成功していない。それにもかかわらず、学校では、どんどん未知を読ませようとする。よくわからぬことを無理にさせられれば、嫌いになるのが順序である。

未知を教える

学校の知的教育とは何か。

人類がこれまで獲得、蓄積してきた文化を次の世代に伝承する営為である。ひとつひとつ実地に伝えていては一生かかってもごく一部ですら伝えられない。

文化をことばにして、濃縮し、短期間に大量の情報を教授するのが近代の教育である。こどもが既に知っているようなことをいくら教えてみても、その意味では、何もならない。

教育はことばによって、未知の世界を準経験の世界へ移して行く作業である。もともとことばでなかった事柄をことばにして、これを理解しても、それで本当にわかったことになるかどうかは疑問である。

体で知るべきことは、ことばだけを頼りに知る頭の理解では、本当にはわからないに違いない。知的理解は経験とは言いがたい。せいぜい準経験でしかない。

それを承知の上で、なお、ことばによって未知を教えるほかはない。それで、つい先を急ぐことになる。初期の音読からまだあまり進歩していないようなこどもに、未知を読むことを要求する。

念のために断わっておくと、読む、読むと言うからといって、別に国語の教育のことだけを考えているのではない。体育とか音楽、図工といった教科を別にすると、学校教育は、すべて未知を読む能力をつけ、これまでの文化を吸収する営みであるとしても決して過言ではない。

未知を読む二重の壁

既知を読むには、文字さえわかればよい。ときには、その文字ですら明確にとらえられていなくても、文章の見当をつけることはできる。

それに引きかえ、未知を読むのは、二重の壁がある。

まず、ひとつに、ことばと文字、しばしば未知の文字、表現があらわれる。それがわからないから、読めない。そういうことがある。難しい文章というのが、漢字の多いものをさすことが多いのはこのためだ。

知らない文字やことばの言いまわしは調べることができる。教わればいい。これで解決するのなら、未知を読むのは、未知のことばを知ることになって、さほど苦労ではない。

もっと厄介なのは、もうひとつの壁だ。文字や単語はわかっているのに、なお、何のことを言っているのか五里霧中という場合である。はじめに例として引き合いに出した
「ことばとそれがあらわすものごととの間には何ら必然的な関係はない」

という文章では、中学三年の生徒にとって未知のことば、いくらか不安なことば、と言えば、〝必然的〟くらいであろう。それをみんなで辞書を引いて調べたと、中学生

の手紙にもあった。それでわかるはずだ、とかれらは信じた。第一の壁を突き抜けたのだから、わからなくてはいけないのに、わからない。これは文章そのものがおかしいのだと中学生たちは判断した。かれらは第二のもっと手ごわい壁のあることを知らない。それはいくら辞書を見てみてもどうにもならない壁である。

言わんとしている考えそのものがわかっていないというこの第二の壁を突破してはじめて、未知を読むことができたとなる。ここで、説明の手段として用いられるのがパラフレーズ(説明のための言い換え)である。パラフレーズにも二種ある。ひとつは、やさしいことばに置き換えるだけのもの。これは、第一の壁をのり越えるには有効であっても、第二の壁には役に立たない。ひとつひとつのことばにはこれと言った難しいところはないのに、全体として何を言っているのか皆目見当がつかない。こういう文章のときに、もうひとつのパラフレーズが行われる。

さきの「ことばとそれがあらわすものごととの間には何ら必然的な関係はない」という文章においても、第一のパラフレーズでは、〝必然的な〟ということばをほぐす位しか、することがない。

第二のパラフレーズでは語句の言い換えなどするのではなく、ことばはそれが指示する事物の記号のようなもので、みんなが承知すれば、つけ変えることもできるのだというヒントを出す。ところが、このパラフレーズは教える側にとっても容易ではない。

未知を読む難しさは、この第二の壁をつき破ることにある。

登頂の喜びと憂鬱

ところが、教科書などは未知を読む連続である。ロック・クライミングのようなもので、一歩踏み外すと、転落しかねない。緊張の連続で息つくひまもない。既知を読むのは、下り坂で自転車を走らせるように楽である。ペダルなどふまないでも、すいすい走る。同じ読みでありながら、こうも違うのである。

学校では、いかに苦しくとも、未知を読む訓練を避けて通るわけには行かない。そのコースを示す教科書がおもしろいわけがない。生徒は教科書を手にすると心が重くなる。しかし、けわしい山をあえぎ、あえぎ登って行って頂上をきわめたときには、すばらしい達成感を味わうことができる。そこまでの登攀のコースがけわしければけわしいほど、登頂の喜びも大きい。

未知を読むのは、そういう山登りに似ている。命を落すほどの危険をおかしてまで登山に挑む人たちを支えているのは、苦しさを通じてのみ味わうことのできる発見と快感であろう。未知を読ませる学校の教科書も学習者にとって、それぞれ挑戦すべき高い山である。登りつめたところでどんなに大きな喜びがあるのかを、なんとかして実感させなくてはならない。

だいたい、教科書は憂鬱なもので、おもしろくない。教科書の中でなければおもしろいかもしれない作品も、教科書の中でお目にかかると、まったく魅力を失う。どんな名作も、学校の教科書で勉強すると、つまらないものに思われ、一生親しみにくくなる、と言われる。教育の泣き所であるけれども、そうかと言って、遠慮していては、未知を読むことなど永久にできなくなってしまう。

学校がすることのうちでもっとも重要なひとつは、この未知を読む能力を育てることだ。こどもは大人に比べても陶冶性が豊かである。大なり小なり困難な登攀に耐えられる。

それを推進する教科書がいやなもの、おもしろくないものの代表と見立てられるのはやむを得ないかもしれない。それで、学窓をあとにした人たちは、教科書との縁が切れると、ほっとして既知を読む方へ急いで戻ってしまうのである。

テレビで見た野球試合の記事に夢中になり、おもしろい、おもしろいと言う。こどもには教科書を押しつけ、これがわからなくては話にならないなどと言いながら、大人はわかっていること、わかったと思っていることを文章にした甘い読みに明け暮れて、すこしもおかしいと思わない。

2——裏口読者

〝勝手口〟の魅力

「とっていらっしゃる新聞の社説は、何ページの、どこの位置にありますか」

こういう意地悪な、あるいは失礼な質問を試みたとして、十人のうち六、七人は、即答できないのではあるまいか。

何十年来購読している新聞であっても、読もうとしないものは目に入らない。見れども見えず。どこにあるなどと言われても返事に困るのである。社説はそれくらい読まれていない。もっとも、あなたは社説を読んでいますか、などという調査をすれば、見栄から、読んでいる、と答えるかもしれない。

いま新聞でいちばんよく〝見〟られるのは、ラジオ、テレビ番組であろう。あれは読むものではなく、見るためにある、と多くの人は思っている。一日に何度も見る。

それが中の方にあってはやっかいだから、いちばんうしろのページ全面をあてるのが、たいていの新聞のやり方になった。新聞をテレビ案内の代用にしている家庭もすくなくない。

雑誌に、裏口読者というのがある。巻頭論文はどうも肩がこる。うしろの方の雑録なら気楽でいいという読者だ。玄関から入るのはシキイが高い。勝手口から、ちょっとお寄りしました、というようなものだ。

雑誌にとって裏口読者は大事なお客である。すぐれた編集は、たいてい、その勝手口が魅力的にできている。かつて戦前の総合誌は巻末の数十ページを創作欄ときめていた。小説の並んでいるお勝手に人が集まると考えられていたのであろう。このごろそういうスタイルが崩れたのは、裏口読者の興味が多様になったからかもしれない。

新聞にとっても裏口読者はおろそかにできない。いちばん終りにラジオ、テレビの番組をのせているのは、裏口読者はテレビがいちばんお好きだと見立てたものであろう。その前が、社会面。ここにも裏口読者の目が向けられる。テレビがあらわれるまでは、社会面が一手に裏口読者を引き受けていた。

最近急に目ざましくなってきたのが、スポーツ欄で、ここにも裏口読者の熱い目がそそがれる。実際に行って知っている試合の記事などがあれば、熟読される。

読まない、読めない

裏口読者は玄関へまわると、からきし意気地がない。天下国家にかかわる大問題を身近に感ずるほど、裏口読者の志は高くない。

見出しにざっと目をくれて、よし、とする。見出し読者である。

たまに、社会面の大事件が、第一面に踊り出ていたりすれば、これは読んでみようかと思うが、たいていは、玄関を横目に見ながら、勝手口へまわる。そういう付きあいをしている新聞である。社説などと言われればびっくりする。裏口読者にとってもっとも遠い世界である。一生の間に、ついに一度も社説を読まずじまいという人があるのではないかという気もする。

どうして社説がそんなに読まれないのか。学校の教科書に似たところがあるためだ。

生徒にとって学校の教科書は未知の連続である。それを理解するのには努力がいる。その苦しさのために勉強がきらいになる。学校の本はいやだが、マンガならおもしろいと言う。

新聞の社説は、それほど、わかりにくいものではない。とりあげられるトピックはいま問題になっているものばかり。決して浮世離れたことが書かれているわけではない。ただ、見てきた野球の試合の記事を読むのとは、まったく違った読み方、つまり、未知の読み方が必要になる。とりあげられている問題について、読者は第一次的情報が充分でない。そういう問題についての論説、つまり第二次的情報は、読むものにとって、まず、未知に近いと言ってよいであろう。

ストーリーがない

某月某日、A紙の社説は二つのトピックをとりあげている。トップの「新しい日韓関係への視点」というのを見る。これは、

「国内体制の地固めを整えた韓国の全斗煥政権は、対外関係の組み立てに拍車をかけようとしている。全大統領の米国、東南アジア歴訪につづいて、日韓関係の再構築が韓国外交の主題として登場してきた」

という書き出しで始まる。きわめて的確な表現で、まず方向づけを行っている。わかりにくいところはどこにもない。

ところが、社説を読みなれていない人は、この第一パラグラフで落伍してしまう。どうも難しそうだと考える。論理的な文章をすべておもしろくないもの、難しいもの、ときめてしまいがちなのは、知的教養の不足である。

それはともかく、こういう社説を読みにくい、難しいと思う読者が多いのは、ストーリーがないからである。われわれは幼いときから、すこし物語を読みすぎたのかもしれない。ストーリーさえあれば、かなり高度な文章でも読み、わかったと感じる。ところが、人間が出てこない、抽象的文章にははじめから拒む姿勢をとる。おもしろいものにはストーリーがある。ストーリーの出ない社説のおもしろいはずがない、ときめてしまう。

さきの社説は、近く始まる一連の会談がどのようなものになるかを考えて、「日韓協力関係を築くためには、両国が共通の価値を追求している実感をお互いに分ち合う必要があるだろう」とし、終わりをこう結んでいる。

「われわれは、その目安の一つを獄中にある金大中氏の動向においている。東京から不法連行されて八年たつが、その自由を願う人々の声は決して消えてはいない。日韓の対話開始にあたり、忘れてはならない視点である」

ひとりひとりの読者がこの視点についてどのように考えるかは別として、ここで言わんとしていることはきわめてはっきり理解されなくてはならない。これがわからないようでは、教育を受けたなどというのはおこがましい。ほとんどすべての人に社説はわかってよいはずだ。

退行化

同日のB紙の社説もやはり二本建てだが、さきの方の「初の国連エネルギー会議と日本」のはじめの部分を引用する。

「新しいエネルギー資源と技術へ、地球人口四十四億の六七パーセントを占める〝南〟の発展途上国の熱いまなざしが注がれている。十日から二十一日まで約二週間ケニアの首都ナイロビで、国際連合が主催して開く、第一回新・再生可能エネルギー国際会議がその初舞台になる。大来佐武郎氏が政府代表として演説し、山田通産省国際経済部長、児玉科学技術庁資源調査所長らが出席する。日本は谷口誠国連公使が推されて会議の準備委員長を務めてきたほど、新エネルギー技術への国際評価が高い」

これはとりあげられている問題が、一般読者にとって縁遠い感じを与える。家庭の主婦なら、表題だけで敬遠してしまうに違いない。どういうことなのか、という好奇心をもつのはよほど意欲的な読者である。

この社説の筆者もその辺のことは心得ているのであろう。つとめて、親しみやすい書き方をしようとしている。はじめのところへ、四十四億、六七パーセント、十日、二十一日といった数字が出てくるのはその苦心のあらわれと見る。ことに、四十四億のうち六七パーセントが〝南〟の人口であるというのは興味をひく数字である。

さらに出席者の名前が並んでいるところも親しみを出すために役立つ。このあとにも、香川県仁尾町に国費百億円を投じた太陽熱発電所二基が完成したといった、具体的な書き方をして、一般の解説記事のようになっている。

それにしても、多くの読者にとって、この文章の言わんとしていることは、未知の世界である。わかりきったことを、つまみ食いをするように読んでいけばわかるというのとはわけが違う。考えながら読む必要がある。想像によって補わなくてはならない部分もすくなくない。抵抗のある、努力を要する文章である。いまの忙しい生活をしている人々にそれだけの恒心を求めるのは難しいのであろうか。

そうではない。こどもは学校で未知を読み、すこしずつ既知の世界を拡大している。

大人が逆に、安易な既知の読み方へ退行してしまい、教科書読みからすっかり縁を切ってしまっている。これでは知的進歩はあり得ない。

新聞は現代における重要な社会教育の機関である。もちろん読者を喜ばせることを目標とした部分もすくなくないけれども、社会人の〝教科書〟としての役割ももっている。社説はその目玉である。

その社説が読まれないというのでは、新聞にとっても、読者にとっても、大きな不幸と言わなくてはならない。

3――批評の文章

批評より紹介

「昭和十五年九月、三国同盟を決める海軍軍令部の会議から始まる」

これはある新聞に出ていた映画「連合艦隊」の批評紹介の一部である。それに続いて

「山本五十六連合艦隊司令長官（小林桂樹）が反対するが、及川海相（藤田進）は『やむを得ない』と断をくだした。日本はここからドイツ、イタリアの枢軸側にくみし、大戦へ突入していく。約二時間をへて、終幕近い昭和二十年四月、戦艦大和の沖縄特攻出撃にあたり、やはり及川が『やむを得ない』の断。このふたことにはさまれた真珠湾攻撃から沖縄戦までの間、艦隊の動きとその弱体化につれて、ほんろうされていった人たちを描いている。脚本・須崎勝弥、特撮・中野昭慶、監督・松林宗恵」

もちろん、これが全部ではない。あらましを紹介した部分である。プロ野球の記事とちがって、映画評を読むのは、まだ、その映画を見ていない人である。たまには、見てきた映画の批評に興味をもつかもしれないが、例外的にすくないだろう。だとすれば、どうしても、見ていない人にどんな映画かを知らせる紹介が重要になる。はじめから批評になったのでは読む人は面くらう。

現にこの「連合艦隊」評にしても、このあとにさらに、紹介的文章が続いている。そして、読者にもいくらかの見当がついたと思われるところで、批評に移る。「長門裕之のわけしりの苦渋などには、鍛えた演技と持ち味が生きた」といった評価をしている。

「しかし」と続けて、「何ともつめ込み過ぎて、人間関係が類型、皮相にならざるを得ず、そのため庶民の深い痛恨は海面下に沈みがち」という批判が出る。

最後は「玉虫色の巧みな作り方には、危険なワナもありそうだ」としめくくっている。

こういう批評を読んで、それでは見に行こうか、と思う読者がどれくらいあるのだろうか。とにかく、そういう映画があるという話をきけば、そこで、見るか、見ないかの判断をつけてしまうことが多い。どうしようかと迷って批評を見て、これなら、行こう、それならやめておこう、と読者が考えるほど、いまの映画評は信用が高くないように思われる。

かつてはQというペンネームで書かれた映画評がひろく注目された時代もあった。テレビが普及したせいもあって、映画評は昔日の面影がうすれている。

〝音はすれども姿は見えぬ〟

だいたい批評の文章は、読むのが難しい。

実物、実体を見ていないことが多い。

いくらていねいに内容紹介が行われても、短いスペースの中で、よくわかったと感じることは困難であろう。ときには闇夜にコウモリが飛ぶようなことになりかねない。音はすれども姿は見えず、はなはだじれったい思いをさせられる。

批評は対象を紹介するのが目的ではない。本来ならば、読者の方で対象についての知識をもっていなくてはならないところである。それが保証されていないから、仕方なしに、紹介を兼ねる。対象について評価、批判を下すのが批評だ。対象がはっきりしていないのに、それについての意見がのべられれば、不案内な人間にはさっぱりわからなくなる。

闇夜のコウモリですら、とらえどころがないが、さらに、そのコウモリの飛び方がいいとか悪いとかいう議論がなされていても、局外者にはどうすることもできない。見ていない映画の紹介は、未知を読む力をもっていないものにとっては歯が立たないのである。そういうものについての議論である批評は、二重の未知の要素を含んでいることになる。いっそう理解は困難である。批評を読むというのは、高度の読み方の作業を前提とする。多くの人はそういうわずらわしさに耐えられないから、とかく敬遠される。

批評が栄えるには、批評をする側にも、それを読む側にも、理解が一定の高さに達する訓練が求められる。まず、ことばを通じて経験しない世界をわかる想像力をきたえ、養う必要がある。もしそれが崩れれば、批評は衰弱しないわけには行かない。

テレビがもたらした〝錯覚〟

テレビが普及して、一般にことばの想像力が働かなくなってきたのではあるまいか。

映像は多くのことを、いかにもわかったように思わせる。擬似現実化である。

ある人はテレビ・ドラマの中の電話の音をきいて、うちの電話が鳴っているのかと思って立ち上がったという。テレビと現実はそれくらい近くなっている。

結婚披露宴に招かれたある人は、エレベーターの中で、有名なテレビタレントといっしょになった。その人はその俳優の主演する連続テレビドラマのファンだった。顔を合わせたとたんに、

「こんにちは」

という声が口から飛び出したそうだ。いかにテレビが生活の中へ組み込まれてしまっているかということである。

こういう人が多くなってくると、フィクションがフィクションではすまなくなり、本当にあったことと錯覚される。似たような事件や現実と結びつけられて、迷惑したり、腹を立てたりする人があらわれる。そういう誤解を予め封ずるためであろう。現に、わざわざ、ドラマに出てくる事件や人物はすべてフィクションであると、断わるテレビ・ドラマもあるくらいである。

そういうテレビが生活を支配するようになって、われわれは、何でも形を目で見な

いと承知しないようになった。見えないものは難しくて、つまらないと思う。

雑誌なども、写真ばかりのページがふえた。かつては文章の理解を助けるためにイラストレーション、挿絵というのをつけたが、いまでは主客転倒、写真が主体である。その説明にわずかにことばが用いられる。〝挿語〟などといった言い方はもちろんないが、ことばは、具体的、あまりにも、具体的になってしまった。

このことが読みの危機を招く。未知のこと、抽象的なことは、はじめからわからないときめつける人が多くなりつつある。それでいちばん大きな打撃を受けるのが、二重の未知を背負っている批評のような表現である。

哲学青年の不在

いまだに、とにかく、批評というものが残っているのがむしろ不思議なくらいである。高等教育がこれほど普及したというのに総合雑誌は三十年前よりもかえって不振だと言われる。文学雑誌はどこも赤字覚悟で刊行しているという話だ。

テレビを見すぎる人間は、形而上的なことばに興味を示さなくなるのであろうか。

かつては少数ながら存在した哲学青年というのは、いまやことばすら聞くことがなくなった。文学青年ということばは、まだあるにはあるけれども、文学青年を自称する若ものはいない。これでは文学雑誌が苦しいのは当然である。

その根本に、ことばの理解の欠如が横たわっているように思われる。

批評がおもしろいという人がふえないと、教育は人間らしい人間を育てているとは言えないだろう。いかに職業的技術があっても、文化に対する広い関心をもち、新しい世界への好奇心をいだくのでなければ、教養のある人間とは言えない。

イギリスのある編集者が、おもしろい雑誌の条件として、人物、土地、書物についてのすぐれた文章を掲載することだとのべていたのを読んだことがある。この「についての文章」というのが、広義の批評に当たる。こういうことの言える社会は、言論が成熟しているのである。

われわれ日本人はよくものを読むと言われるけれども、その読んでいるのは、既知を読むに類するものが大部分であって、批評、評論の文章を読む人はごく限られている。その何よりの証拠が、新聞の社説が読まれない事実である。

擬似批評の横行

それでも、人間には、批評本能ともいうべきものがあるらしい。真の批評を理解するだけの素養はないという読者も、その批評本能を満たしたいとは考える。そのための文章が人物評である。

会ったことのない人間でも、たえず、名前を読んだり、聞いたりしていると、あたかも旧知のようになること、さきのテレビタレントのごとくである。たとえば、パブリシティの高い芸能人は一般読者に知り合いのような気持をいだかせる。

そういう人物についての批評は、新刊の書評などに比べると、はるかに、わかりやすい。未知なことが重なっているという思いはしない。本当はわかっていないことを、いかにもわかったように思い込む。その人物についての意見であるのに、あたかも、その人物を描写したもの、さらには、その人物そのものであるかのように錯覚する。

こういうわけで、ゴシップと人物評とは紙一重の違いとなる。大人の喜んで読むもののきわめて多くが、この種の擬似批評の性格をもっている。本当に、未知を読みとる力はもっていないが、いくらかしゃれた二次的表現を読んでみたいという人たちがふえると、擬似批評がふえる。

こういう読みものしか、おもしろくないと言う人は、文字は読めるけれども、読めないと同じである。そういった意見が欧米であらわれた。

発達したマスコミをもつ社会では、批評、評論がこのような擬似形態へ変形するのはほとんど避けられないもののようである。

映画評、劇評、音楽評、書評が本当におもしろくなったら、その人の読む力は一人前になったと考えてよいであろう。

4——悪文の効用

翻訳に破壊された日本語

「私は〔脳という、あの大コンピューターの中にある〕この驚くべきミニ・コンピューターを〝幸福の天秤棒〟と呼んでいる。〝幸福の天秤棒〟は、〝ある特定の瞬間に選択可能なあらゆる二者を自動的に天秤にかけ、諸君に最大の幸福をもたらすだろうと信じるほうを選択する」

「進歩は商業の繁栄によるという一元論は、従来進歩を阻む元凶と疑われてきたり、あるいは無害とされてきた存在がそうでなくなる新事態が発生すると、それはその発端からそうだったのだと主張した」

これは、別宮貞徳『誤訳迷訳欠陥翻訳』でとりあげられている、つまり槍玉に上がっているものを引用したものだ。したがって、ここには誤りがふくまれているのだが、これだけ読むと何のことか、一読ではつかみにくい。二度読んでも、なお、はっきりしない。誤訳でそうなら、むしろ、救いがある。正しく訳されたらわかるかもしれないと希望をもつことができる。ところが誤訳でなくても、わからない翻訳はいくらでもある。

見たところは日本語のようなかっこうをしているけれども、その実は、日本語ではない――そういう翻訳がいかに多いことか。明治からの翻訳は、大半がそういう日本語ばなれした訳文であった。

それに付き合わされてきた近代日本の秀才、英才たちは思えばあわれである。その中にかなりひどい誤訳がまじっていたらしいことは、さきの別宮氏の本を見ても想像される。出てから三十年もたち、その間に何十版と版を重ねた翻訳なのに、まるでわけのわからない部分がぞろぞろ出てくるという指摘もある。

堅い本なのに何十万部も売れて、版元でさえびっくりしたというあるベストセラー翻訳に日本語として理解に苦しむ箇所が続出するという批判もある。

もうすこし翻訳はまっとうな日本語でなければならないという別宮氏のことばにはつよい共鳴を覚える。われわれもそうだが、これまでの日本人は翻訳という名のもとに破壊された日本語を読まされて、どれほど頭を悪くしてきたか知れない。

〝原文忠実〟が尊重されたのはいいが、訳者が原著者の方ばかり気にして、読者には背を向けていた。それでは訳文がわからないものになるのは当たり前である。ところが、読者には、是が非でも外国のものを知らなくてはならない、うっかりしていては時代に遅れてしまうという引け目があるから、何が何でもわからなくてはならないと思い込む。

よくわからないが、わからないなどと言えば、こんなこともわからないほどの頭かと笑われそうだ。みんなわかったような顔をしている。わかっているのだろう、自分も努力すればわかるようになるはずだ。

こう考える読者が多ければ、日本語でない日本語が翻訳でござるとまかり通って、すこしも不思議はない。一般読者の翻訳へのうらみは数々ある。

翻訳で未知を読んだ

ところが、ごく最近になって、そういう悪文の標本みたいな翻訳も、案外われわれの文化に貢献してきたのではないかと考えるようになった。これは決してたんなる皮肉ではない。本当に評価すべき点があるのではないかと考え出したのである。これまで目のかたきのようにしていたのは浅慮ではなかったかという気さえする。

近代日本の知識人は大なり小なり翻訳を読んできた。日本の代表的文庫である岩波文庫が代表的古典一〇〇冊のリストをこしらえた。それを見ると、何と、半数以上が外国書の翻訳である。この百年の日本が翻訳文化の時代であったのを物語る。

人々は好むと好まざるとにかかわらず、翻訳を読んだ。よくわからない。どれほど内心、翻訳を呪ったかもしれないが、多くは内攻して、その苦業にたえた。これまで、そのために、日本人の言語感覚はもちろん、論理性もおかしくなったように考えてきたが、すこし別の見方も可能ではないかと思うようになったのである。

難解至極な訳文と悪戦苦闘することが、とりもなおさず、読者にとって、知的活力の源泉になったのではないか。

訳文は日本語としてこなれていない。それどころか、日本語の流れ、構造さえ無視されている。たとえ内容は既知のことでも、そういう異様な装いをさせられると、別世界のことのように思われる。

つまり、翻訳の読者は未知を読むことになっていたのである。教科書は教師の強制によって読まされる。同じ未知を読むにしても翻訳では、人に遅れまいとする気持に支えられ、先進文化にふれているのだという社会的承認に裏付けられている。意欲もわく。教室の読みほどの反撥は感じられない。

それだからこそ、読みにくい訳文がさほど批判されることもなく続いてきた。それだからこそ、また、困難な未知がそれとは意識されないで、読まれてきたのである。新聞の社説は読まないけれども、読みにくい翻訳は読んできた。翻訳は未知を読むための、またとないテクストだったわけである。その効用を見のがしてはなるまい。

考え考え読む

手許の翻訳のうちから、ヴォリンゲルの『抽象と感情移入』(岩波文庫)を例にとってみる。この本はたいへん感心して読んだ。しばらくはその影響からのがれることができなかったほどである。

草薙正夫氏の訳文は決して読みやすいものではない。

「芸術的要求の――吾々の近代的立場からいえば様式的要求の――心理学というものはまだ書かれたことがない。それは世界感情の歴史ともいうべきものであろう。そしてそれはかかるものとして宗教史と同じ価値をもつであろう。私の解釈によれば、世界感情とは人間が宇宙に、即ち外的要求として、換言すれば、絶対的芸術意欲として顕われる。そして外面的には芸術作品として、即ちその特性が同時に心理的要求の特性であるところのものの様式として凝結する。かくて芸術の様式的発展において、種々なる民族の神統記《テオゴニー》におけるが如く、いわゆる世界感情の種々なる発展過程が読みとられるのである」

さらさら読み流される文章ではないが、かつてはじめて読んだときのわたしは、このところに強い印象を受けたらしく、傍線を引き、欄外にコメントをつけ、さらに、「芸術的要求の心理学」に触発されたのであろう。〝詩形の心理学〟の可能性はないものか、といった感想を書きしるしている。いま、この本をパラパラくってみると、随所に傍線が引いてある。よほどふかい感銘を受けたものと見える。その鉛筆のあとをながめながら、こういう翻訳の文章そのものの効用ということを考えた。

もし、この『抽象と感情移入』がさらさら読まれる文章で訳されていたとしたら、あれほどの感銘を受けたかどうか疑問である。はじめての思想に触れているのに、平明な文章にだまされて、新しいところを見落してしまったかもしれない。

抵抗のある文章だから、考え考え読む。新しい世界が、けわしい山を一歩一歩登るときにひらける展望のように目に入ってくる。感動しないではいられないというわけだ。この訳文は、あえて言うならば、日本語としては悪文としてもよいものであろうが、これだけの感銘を生むにはそれが必要であったのだと思われる。

「よい悪文」

ここで、わたくしは、悪文を二つに分けて考えたい。「よい悪文」と「わるい悪文」である。「わるい悪文」というのは、わかりやすいことを不当にわかりにくくする文章で、苦労して読んでも得るところのすくないもの。「よい悪文」とは、必然性をもって読みにくくなっている文章で、努力して読めばかならず報いられる。『抽象と感情移入』は、すくなくとも、わたくしにとっては「よい悪文」であった。未知を読む喜びを味わわせてもらった。その体験は一生消えることはあるまいと思われる。

翻訳ではないが、法律の文章もこれまでひどいものの代表のように思ってきた。「使用者は、労働契約に附随して貯蓄の契約をさせ、又は貯蓄金を管理する契約をしてはならない。

②使用者は、労働者の貯蓄金をその委託を受けて管理しようとする場合においては、当該事業場に、労働者の過半数で組織する労働組合があるときはその労働組合、労働者の過半数で組織する労働組合がないときは労働者の過半数を代表する者との書面による協定をし、これを行政官庁に届け出なければならない」(労働基準法　第十八条)

これも決してわかりやすい文章ではない。日本語らしさにも欠けている。こういう条文にいつも付き合わされている法律関係の人はさぞかしたいへんだろう。頭がおかしくなるのではないかと、心配したり、同情したりしていた。

ところが、翻訳の悪文が思いがけない効用をもっているのではないかと気がつくようになってみると、法律の文章も未知を読む読み方で読めばおもしろい、知的興味を満足させてくれるのかもしれないと思うようになった。

前にも書いたが、いまは、未知を読むことはごめんだが、せっかく文字を読む力はもっているのだから、手もちぶさたをまぎらす、おもしろいものがほしいという半読者がたくさんいる。その要求を迎えようとして、すこしでも抵抗のすくないようにと心を配った、リーダブルな文章があまりにも多い。悪文に二種あるのなら、リーダブルな文章にも二種ある。よい良文とわるい良文。いまは、わるい良文が洪水のようにうずまいている。

そういう時代だからこそ、よい悪文の役割は貴重である。未知を読む喜びを味わわせてくれるとなれば、なおさらである。読みにくい翻訳が読みやすくなるのは結構だが、それがわるい良文になったのでは何もならない。

われわれはこれまで翻訳、翻訳調の文章にずいぶん苦労させられてきた。それを恨みに思っていたのは間違っているのかもしれない。この百年の日本文化は、そういう難解な翻訳を何とか読み通そうとするエネルギー、未知を読まずんばあるべからずといった気魄によって推進されてきたというのは決して誇張ではない。

第III章

1――アルファー読み・ベーター読み

〝音読的〟読み

これまでの章において、二つの読み方のあることをのべてきた。序章は別として、第I章と第II章に分けて、それぞれが、この二つの読み方に対応している。

ここでもう一度、この二つの読みを整理しておきたい。

ひとつは、見て知っている野球の試合の記事を読むときに代表される読み方である。既知を下敷にしてわかる。表現そのものが完全に理解されているかどうかは、かならずしも問題ではない。かりに、わからぬことがかなりあっても、なお、よくわかったという印象をもつことができる。

文章を読んで、よくわかったと思っている人に、その文章の一部の表現を抜き出して、その意味をたずねると、まごつくことがすくなくない。それではわかっていないではないか、と言うこともできるが、それで、わかっているのだと考えることもできるのである。

こういう既知を下敷きにした読みの原型は音読である。いかなる場合でも、読みは音読から始まらなくてはならない。スポーツ記事の読みは、声こそ出してはいないけれども、音読的である。

音読が基礎的な読みであるかぎりにおいて、この既知を下敷きにした読み方は標準的なものである。これを飛びこえて、一足とびに高い読みへ入ることは、すくなくとも、いまの教育においては考えることが難しい。

ここで、とくに、いまの教育では、と断わったのは、かつては、いくらかそれに近い荒業が行われていたからである。たとえば、わが国において長い間行われてきた漢文の素読。

声を出して四書五経を読む。声を出しているところは音読であるが、いまの小学生の音読は既知のことがらを読むのに対して、素読で読んでいるのはこどもにとってチンプンカンプンの経学である。形式的には音読を経由しているようだが、実質においては音読の読みを飛び越えて、一挙に未知を読ませるのが素読である。この素読については後の方の章で改めて考えることにする。

既知にみちびかれて読む読み方はやさしく、ときにたのしい。それでいて、ものを読んでいるという満足感を与えてくれる。しかし、知っていることをいくら読んでも新しいことがわかるようにならない。理屈からすると、そういう読書によって読者が変化、進歩することは難しい。

既知からの類推

それはとにかくとして、この既知を読むのをアルファー読みと命名したい。そして、もうひとつの未知を読むのをベーター読みと呼ぶことにする。

ベーター読みの典型が学校の教科書によって行われるということは前述の通りである。新聞でも、社説や批評はベーター読みである。

ベーター読みは、アルファー読みと違って、下敷きがない。文字だけを手掛りにしてわかる必要がある。ここでしばしば、とんでもない誤解に陥る。

大人の場合、完全なベーター読みというものは日常生活では珍しいかもしれない。多くのことがらに多少の知識、常識というものをもっている。未知だけでかたまった文章などというものがそんなにあるわけがない。アルファー読みで読める部分と、ベーター読みを要するところとが入りまじっている。

どんなによく知っていると思っている問題について書かれた文章であっても、知らない新しい未知のことが織り込まれていないとは言えない。しかし、大部分がわかっていると、かりに、よくはわからない部分があっても、前後関係で見当がつく。わかったように思う。

クロスワード・パズルは人為的に未知の部分を用意し、それを既知から埋めて行こうとする遊戯である。既知がなくては成立しない。

これとよく似たのが、外国語のテストによく見られる穴埋め問題と言われるものである。たとえば、

The event has become (　) part of history and a haunting vision of what the end of the world (　) be.

のカッコの中へ適当な語を一つずつ入れるのである。それには、この文章が全体としてだいたいにおいて、

「この行事はすでに歴史的なものとなっているが、同時に、年々くりかえされる世界

の終末を暗示する地獄絵でもある」といった意味になることがわからないと、カッコの中を埋められない。全体の大意がわかれば、はじめの方へ both を、あとのカッコには may (would) を補うことができる。

いずれも、未知の部分を既知からの類推によって補充する理解の方式を利用したものである。すべてが未知であっては手も足も出ない。

混合読み

読みにおいても、このクロスワード・パズルや、穴埋め問題に近いことが起こる。つまり、完全なベーター読みではなく、それかといって、アルファー読みでもない。アルファーとベーターの混合読みである。ベーター読みを必要とする部分が、あちらにも、こちらにも、あるけれども、その前後には既知の表現があるというとき、未知は、既知からの類推、補足によって何とかわかる。

ここでは、便宜上、原理的に、すべてが既知に裏付けられたアルファー読みと、まったくの未知を読まなくてはならないベーター読みとを考える。実際には、多少とも、両者は入りまじっている。

実際には、どんなにわかりきっていることの中にも、なにがしかの未知が入っていて、アルファー・ベーターの混合読みをしなくてはならないだろう。同じように、いかに難解な新しいことずくめの文章においても、いくらかわかる部分がないはずはない。もし、文字通りまったくわからなければ、知らない外国語である。英語で「それはギリシア語だ」(It is Greek to me) という言い方がある。ギリシア語を知らない人にとっては、何のことかまったくわからぬということで、わがチンプンカンプン(漢文ということばにかけていったものだろう)。ギリシア語がすこしでも読めれば「ギリシア語」が完全な未知とはならないから、さきのような表現は成立しない。

そういうわけで、どんなに未知のことを書いたように思われる文章でも、既知の要素を含んでいる。とすれば、やはり、アルファーとベーターの混合読みである。

ただ、アルファー読みの比率が圧倒的に大きいならば、それはもはや混合読みではなくて、アルファー読みと言うべきである。同様に、両者が共存してはいても、ベーター的性格が断然強いところでは、それをベーター読みと呼んでよかろう。

一般には、アルファー・ベーター混合型のことを読みと考えている。そのために、きわめてアルファー的色彩のつよい読み方しかできないのに、ものが読めると、自他ともに誤解してしまうのである。

読みの問題

どうしても、原理的に、アルファー読みとベーター読みの両極をはっきりさせておかなくてはならない。近代において、その必要はことさら大きくなっている。と言うのは、かつて出版が、現在ほど盛んでなかった時代においては、本もすくなかった。あまり妙な本はない。アルファー・ベーター混読の現実でも、かなりベーター読みの比重が高かった。ものを読むと言えば、たいていは、相当のベーター読みを想定していた。

ところが、印刷出版文化が急速に発達して本が廉価で大量に出るようになった。もっとも出版印刷が独走したと考えるのは当たっていないかもしれない。先行する近代教育の普及があって、出版を刺激したと見るべきかもしれない。

教育は、まず、読むことを教えたが、ベーター読みなどをかんたんに教えられるわけがない。教育が普及すればするほど、かろうじて文字は読める、知っていることが書いてあるのならわかる、というアルファー読者が多くなる。

こういう読者に昔ながらの古典的書物が読めるわけがない。しかし、自分ではものが読めると思っている。そしてその口に合った本を求める。アルファー読みで消化できるような読みものは社会の要求になった。これは大部数を約束される。

商売がそれを放っておくわけがない。アルファー読者の意を迎える出版物が多くなり、やがては、ほとんどすべてが、多かれすくなかれそういう出版物になってしまうようになる。いわゆるマスコミ文化である。

そういう読みものは読者が抵抗を感じそうなところを注意ぶかく予めとり除いてある。それで普通の常識があれば、ひっかかるところなく、流れるように読める。読者が喜ぶから、軽い読みものがあふれるようになる。

ベーター的要素のほとんどないアルファー・ベーター混合読みである。これはほとんど純粋にアルファー読みといってよいもので、かつての読みにおいては考えられなかった読みの形態である。こういう異常な読みがいかにも当たり前のようになっている。読みの危機だ。

そういう状況のもとにおいては、きわめてベーター的性格のつよい、ほとんど純ベーター読みともいうべき異常な読みをあえて考える必要がある。

この視点を欠いていたために、これまでの学校教育は不毛に苦しんできたのではないかと考えられる。国語の教育だけでなく、これは教育全体の問題である。

2――幼児のことば

マザー・タングの教育

ことばの問題は、生まれてすぐから始まる。学校の教育だけにかかわりがあると考えるのは正しくない。

アルファー読み、ベーター読みにしても、学校の国語の勉強ではじめておこるのではなさそうである。この両者がいかに異なるかは、これまで見てきた通りであるが、これはただ読みの技術上の相違ではない。

アルファー読み、ベーター読みの根底にあるものは、言語習得そのものと深く結びついているように思われる。ことばそのものの中にアルファー読みとベーター読みの二つの理解を必然的にする性格がひそんでいる。

ここで、幼児におけることばの獲得について、すこし考えてみる必要がある。

どんなこどもも、生まれたときにことばを知っているものはない。ことばは教えるから覚えるものであることは、オオカミの群の間で育ったこどもがまったくことばを知らなかったのでもわかる。ことばはもっとも早い段階に始まる教育だと言ってよい。ただ、その先生である母親が多くの場合、教えているという自覚がないだけである。

教育への関心がこれほど高くなっている現代において、しかも、早期教育が、音楽だ、外国語だ、音楽だ、絵画だと、にぎやかに行われている現代において、もっとも基本的な幼児期のことばの教育が、なぜか、ほとんど問題にもならない。

母親が生まれたこどもに〝母なることば〟(マザー・タング)をどのように教えるかを真剣に考えているのは例外的であろう。ほとんど無意識にことばを使っている。それをきいて赤ん坊はことばを覚える。うまく行ったら幸運である。

ことに、母親に経験のないはじめてのこどものとき、マザー・タングの教育はうまくいかないことがすくなくない。ことばぐらいとタカをくくることは許されない。ものの心がついて、めきめき人間らしくなるのはことばの習得を通じてである。未経験な母親がことばをうまく教えられないと、こどもの三つ児の魂の形成にも深刻な影響を残すことになりかねない。

ことばがしっかりしなければ、人間的成長がうまく行かないのである。はじめての子で失敗した結果を昔の人は、〝総領の甚六〟などとひどいことを言った。幼児に対することばの教育は、どれほど重視しても、しすぎるということはない。すべての教育の基礎である。

既知は未知のくりかえし

かなりいい加減な教え方をしているのだが、こどもは小学校へ入学するころには、一応は不自由しないだけにはなっている。そのとき、こどものことばは二つに分けて考えられる。既知のことがらについて話し、理解することばと、直接経験したことのないことがらについて話したり、わかったりすることばである。

前者は具体的、後者は抽象的である。

生まれたばかりの乳幼児はことばをまったく知らない。すべてが未知で、知識はゼロである。それに対してどうしたらことばを教えられるのか。実際にわかっている人はほとんどない。それが二年くらいすると、ことばがわかるようになるのである。外国語の学習が何年たってもロクに話せない、聞きとれない、ということと考え合わせると、奇蹟的ですらある。

まったくことばを知らない新生児だから、もちろんほかのことばを借りて教えることができない。外国語を学ぶときには、すでに母国語を知っているが、マザー・タングを学ぶこどもは、そもそもことばをまるで知らない。

理屈はともかく、すべてのこどもが、その難事をみごとやってのけて、ことばが使えるようになるのだ。

しかし、まったく知らないものがわかるようになるわけがない。ことばは既知から学んで行くしか手がないのであるのに、生まれたばかりの赤ん坊には、その既知がない。すべてが未知である。

どうしたらそういうことばを教えられるのか。

同じことばをくりかえすのである。くりかえしくりかえし同じ状況に対して同じことばを使っていると、その状況がすこしずつ既知の性格を帯びるようになる。充分にしばしばくりかえされていると、ことばとそれがあらわすものごととの間に結びつきのあることがわかる（ただし、その関係が必然的なものでないことは、はじめにのべた通りである）。

母親が自分のことを何回となく、くりかえして「おかあさん」と呼んでいると、こどもに母親と「おかあさん」ということばとが結びつくのがわかってくる。

こういう過程をくりかえして、ひとつひとつのことばを覚えていく。

そのようにして習得されることばは、くりかえしによって既知となった具体に対応するものでなくてはならない。つまり、対象はこどもの経験世界の中にある事物にほぼかぎられる。身のまわりのものの名前が主になる。いくらくりかえして教えようとしても、〝民主主義〟といったことばをゼロ歳児に教えることはできない。

母乳語と離乳語

こうして覚える身のまわりのものごとについてのことばのことを、わたしくは、母乳語と呼んでいる。これが一応のところまでできるようになったら、それとはまったく性格を異にするもう一つのことばの習得を始めなくてはならない。

母乳語が具体的、経験できる世界のものごとのことばであるのに対して、もうひとつのことばは、抽象的で、こどもの経験したことのない世界の事物をあらわす。これに、わたくしは、離乳語という名をつけた。

母乳語では、ことばはそれがあらわすものごととの間にしっかりした関係があることを教えようとする。その関係はすでにのべたように社会的約束であって、必然的関係ではないから、くりかえしくりかえしの学習で結びつける必要がある。

両者がまがりなりにも結びついたところで、母乳語の学習は完了する。ところが、人間が言語動物であるためには、これだけでは充分でない。もうひとつ、離乳語がわかるようにならないといけない。

離乳語では逆のことをする。ことばとそれがあらわすものごととの関係は、切ろうと思えば切れるということを学ぶ。母乳語でいったんせっかく結びつけたものを、わざと切れるものだということを教える。ここにはかなり複雑な問題が介在する。幼児にそんなことが理解できるわけがない。しかし理屈はともかく、ことばの記号的使用ができるようにならないと、あとあと知的作業に支障を生ずる。学校へ行っても勉強がわからなくなる。

ことばとそれがあらわすものごとの関係が切ろうと思えば切れるという離乳語の性格を端的に示すのがウソである。母乳語ではウソがつけない。具体に即したことばだからである。具体や現実をともなわないで用いられる離乳語なら、いくらでもウソはつくことができる。

オオカミが来もしないのに、オオカミが来た、といってひとをおどろかせるウソは社会的に有害なウソである。こういうウソをついてはいけないと教えるのは当然である。

ところが、われわれが尊重している言語の文化の中には、広義のウソ、つまり、具体や現実の裏付けのない表現であるものが思いのほかたくさんある。

創作、虚構、フィクションと名はいろいろに呼ばれるが、要するに、美しい、価値をもったウソである。思想もしばしば、言語的虚構であるから、文化の中で広義のウソが占める部分は意外に大きい。

一生を左右する幼児期

幼児においては、以上の二つ、母乳語と離乳語を身につけなくてはならない。前者は、既知にもとづいて使い、理解することばであり、後者は未知を理解することばである。

別の言い方をするならば、母乳語はアルファー語であり、離乳語はベーター語だということになる。

ふつう幼児は、この二つのことばを使うことができるようになっている。もし、アルファー語はできるが、ベーター語はよくわからない、というようなことがあれば、学校の知識の学習において、大きなハンディキャップを負うことになる。くりかえしになるが、ことばの教育は、学校において始まるのではない。就学以前において、基礎の教育は完結するのである。アルファー読みに当たる言語作用、ベーター読みに相当するベーターの言語能力は幼児期において習得ずみになっていなくてはならない。

これまでのべてきた、アルファー読み、ベーター読みは、母乳語、離乳語の内蔵しているものを、文字を通じて、もう一度、くりかえしているに過ぎない。学校へ入ってはじめて、降ってわいたように現れるのではない。

そう考えると、幼児の言語教育は、その子の一生を左右するほど意義をもっていることがわかる。未知を読むベーター読みがうまく行くも行かぬも、幼いときにベーター語、離乳語をどのように学んでいるか、にかかわることがすくなくない。

3――二つのことば

アルファー読みへの退行

このように、アルファー読みに対応するアルファー語が幼児のときに習得される。ベーター読みに照応するベーター語も、やはり幼いときに形成されていくのが正常で、もしそうでないと、後に由々しい問題をおこす。

アルファー語、アルファー読みは、既知、経験ずみのことについてのことばの活動である。それに対して、ベーター語、ベーター読みは未知を知るための言語活動である。

思考と新しい認識の手段となるベーター語、ベーター読みの役割はきわめて大きい。これまでのことばの教育において、アルファー的なものと、ベーター的なものの区別がはっきりしないでいたために、有効な学習を確立することができないでいた。

そればかりではない。一般社会人が、ものを読むとか、文章を書く、話をする、という場合に、ほとんどアルファー的言語に終始しているのに、あたかも、高度なことばの運用を行っているように錯覚しがちであった。

そのすきに乗ずるかのように、アルファー読みを誘発、その満足を目的として、周到に用意された読みものが大量に出回っている。それに触れているうちに、アルファー的言語が正常なもののように考えてしまう。ベーター読みを必要とする文章を頭から、難しいもの、おもしろくないものと拒否し、片隅に押しやる。

学校にいる間は、いやいやにもせよ、ベーター読みをしなければならない。それによって知的発達をとげることができる。

ベーター読みはなかなか面倒であるから、社会へ出て、強制から外れると、たちまちアルファー読みへ退行する。そして、ついにふたたびベーター読みを試みることなく一生を終わるのが珍しくない。

もっとも、近年、社会人の間に、高度の未知に挑戦する読書をしようとする人がふえているのは注目に価する。かつては、ベーター読者の中核は学生層であったけれども、学生が昔ほど本を読まなくなった、と言われるのに引きかえ、社会人のベーター読みがふえてきたことは新しい現象である。

これまでの本格的読者が大部分、二十歳前後の学生で占められていたため、わが国の読書界は若年層中心のものになり、したがって、たえず、小刻みな流行に翻弄されなくてはならないという宿命を負ってきた。社会人がたとえ一部であっても、ベーター読みをしようという傾向をはっきりさせたのは注目すべき変化である。

RCとECの理論

イギリスの社会言語学者B・バーンスタイン（Basil Bernstein）はことばを、限定用法（レストリクティッド・コード Restricted Code, 以下 RC と略）と精密用法（エラボレイティッド・コード Elaborated Code, 以下 EC と略記）とに二分して広く注目された。RCとは、ごく親しい間柄などで用いられる省略の多いことば、ECとは論理的で、文法的にもいっそう整備されたフォーマルなことばである。

このRCとECの理論を教育と階級の問題に及ぼしていると考えられたためにバーンスタインは多くの誤解を受けたようである。

バーンスタインの真意はそれほど簡単なものではなかった、というのだが、イギリスの所得の少ない階級の家庭のこどもは主としてRCを使っている。ところが、中流階級のこどもは、家庭において、より多く、ECを用いて生活する。この違いが、中流家庭のこどもと低所得家庭のこどもの学習成果の差に関係させていると受け取られ批判を受けた。

日本でもよく知られるように、イギリスは階級社会であって、階級の区別は体制として承認されている。そういうイギリスでもこの考えは、さすがに階級差別であると非難されたのである。

いまのところ、それはしばらくおくとして、なぜ中流の子女がすぐれた学業成績をあげるのかと言えば、学校の授業、先生の説明のことばは主としてECによっている。家庭でより多くECに触れている子女の方が有利になるのは当然だというのである。

このことは階級の問題と結びつけて考えるべきではなく、むしろ教育の本質に対して光を投げかけるものとして受けとめた方がよいように思われる。

近代の教育は、公式的、論理的、知的な性格をもっていて、超日常的である。勉強するのは現実の超克を意味する。環境からの離脱が求められる。

現実の生活とより緊密に結びついているRCと形式的教育はなじみにくい。他方、

ＥＣとは親近性がある。階級とは無関係に、こどもをＥＣが意識的に多く使われる生活の中におくならば、ＥＣを主軸に進められる教育においてすぐれた適性を示すことになるのは当然である。

知能の差は言語の差

ここでアメリカの教育問題を思い合わせる。

もう三十年以上前になるが、白人のこどもと黒人のこどもの知能差が問題になったことがある。小学校就学時に、両者の知能指数（ＩＱ）を比べてみると、かなりはっきりした差異が認められた。黒人のこどもの指数の方が低い。

これを根拠として、黒人に対して白人の優秀さを云々するものがあとを絶たなかった。黒人自身も一部では、半ばそれを認めようとしたほどである。

これに疑問をもった社会学者たちが、調査に乗り出した。そして、家庭におけることばの問題に行き当たったのである。

黒人の母親は、たとえば、ガラスを破ったこどもに向かって、ただひとこと

「何てことをしたんだ」

といったようなことばを投げつけるか、尻をなぐったりするだけである。なぜいけないのか、というようなことは言わない。かりにこどもがわけをきいても、いけないからいけない、くらいしか答えない。なぐられるのはいやだから、こどもは、ガラスを破るのはよくないことを知る。痛い目にあって、ガラスを破らなくなる。この過程において言語の果たす役割はごく小さい。

それに対して白人の母親はことばを通じて、それがいかによくないことかをわからせようとする。もちろん、中には黒人家庭と同じように口より体罰にものを言わせるやり方をとる母親もある。しかし、多くは、ことばで説明する。どこまで論理的に叱ることができるかは疑問であるが、とにかく善悪の区別をことばによってつけようとする訓練は、抽象的思考への導入になるという点で効果がある。

白人だから知能指数が高いのではない。ことばのていねいな使い方をしている家庭のこどもは、言語文化を基礎とした知能テストにおいてすぐれた適性を示すだけのことである。

この問題の調査に当たったアメリカの学者たちは、そこで、こういう試みを行った。黒人の母親を訓練して、こどもにことこまかにわけをことばで叱るようにした。すると、そういう母親のこどもは、白人のこどもとほとんど同じくらい高い知能指数を示したと報告されたという。

つまり人種によるとされた知能指数の差は、日常生活の中でつかわれる言語の違いであることがはっきりしたのである。

人間の文化はベーターのことばから

バーンスタインのRCとECも、階級との関連だけで考えられて、誤解や反発の的となるのは妥当ではない。日常用いている言語の性質が知的能力を左右するという純粋に言語の問題として解釈すべきであるように思われる。

幸いにして、わが国には階級差別の現実もないし、人種差別の状況もないから、ひとりひとりの能力を階級とか人種にからめて考える習慣はない。それだけに、ことばの問題はことばの問題として純粋に割り切ることができる。

本書がここまでにのべてきたことをバーンスタインのRC、ECと結びつけると、次のようになる。こどものときの母乳語はRC、離乳語はEC。読みについて、アルファー読みはRC的であるのに対して、ベーター読みはEC的である。

実際の生活にはRCのアルファー語とECのベーター語がどちらも必要である。RCとアルファー語を否定したり、不当に貶めたりすることは当を得ない。ただ、人間の文化はこれまでのところ、より多く、ベーターのことば、ECによって築かれてきた。その伝承の作業である学習において、ベーター読みが不可欠のものであることは、強調されすぎることが難しいほど重要であろう。

これまでの読みが、未分の状態におかれていたために、非能率と不合理が見すごされてきた。ベーター語、ベーター読みへの適切な導入は、学校、家庭、社会を問わず、緊要な課題である。

4――切り換え

どうしたら黙読にかえられるか

読みの教育はどうしても音読のアルファー読みから始まるほかはない。すくなくとも、いまの教育ではそう考えられている。

他方、本当に新しいものを摂取するにはどうしてもベーター読みが必要である。では、いかにして、アルファー読みからベーター読みへ移ることができるのか。切り換えにはどのような方法をとるべきか。当然、問題になる。ところが、それが一向に考えられていない。ひとつには、これまでのべて来たような、既知の読み方と未知の読み方をはっきり区別していなかったことと関係がある。実際には経験にもとづく知恵で、一方から他方への移行がなされているが、ときとして、それの及ばないことがおこる。そうなると、いつまでもアルファー読みだけで、すべてのものを読むことになって、多くのものが読んでもわからずじまいになりかねない。

そこでまず、最初の問題は、アルファー読みの音読をどのようにして黙読に変えるかである。黙読がすべてベーター読みとは限らない。アルファー読みの黙読はいくらでもある。同じように、ベーター読みの音読もあって、かならずしも、音読より黙読の方がすぐれているとは言い切れない。両者はたんに技術的な違いである。

しかし、はじめの読みはどうしても音読にならざるを得ない。声に出してみないと、読めているかどうか、わからない。どうしても、アルファー的になる。どうしたらそれを黙読に変えられるのか。

これについて、学校ははっきりしたことを教えられない。われわれの受けた教育をふりかえってみても、どういう道順を経て黙読ができるようになったのかよくわからないのである。わたくし自身の経験で言えば、少年雑誌をむさぼるように読んでいて、いつとはなしに黙読と速読のコツを会得したような気がする。学校からとくに黙読の教育は受けなかったように思う。

音読から黙読への切り換えに、確たる方法をもっていないことは、かならずしも学校の国語の授業の落度ではないかもしれない。音読はまわりへの気兼がある。ほかの人のじゃまになると思えば遠慮である。自然に黙読へ傾斜する。教わらなくても、いつとはなしに黙読はできるようになる。

アルファー読みからベーター読みへの切り換えは、それに比べてはるかに重大である。放っておいても自然にできるようになるだろうと楽天的に構えてはいられない。しっかりした自覚のもとに転換をはかる必要がある。

どういう教育が行われているかというと、これがはなはだ心もとない。とくにその指導を行っているという先生を知らない。

それでもベーター読みのできる人間はいる。おそらく偶然によるであろう。

以下にのべることは、したがって、一つの考えである。このほかにもベーター読みへの移行は可能であり、それらについては後にのべるつもりだが、まず最初に正統的な転換の方法を考えておかなくてはならない。

物語による転換

いちばん有効なのは、文芸作品、物語による転換である。

なぜか。

創作というものがもっている性格による。物語は、外見上、いかにも身近な感じを与える。すぐれたフィクションは、特殊でありながら普遍的に見える。遠い昔の時代、はるか離れたところのことが書かれていても、すぐ近くに起こっているように思われる。情動がその印象を強化する。

いかにもアルファー読みでわかりそうに考えられる。親しみぶかい。ストーリーがあっておもしろくもあるのが、物語である。

それでいて、創作は、ユニークな世界の表出である。かいなでの読者の既知の範囲を遠く超えたものを秘めている。それを汲みとり、感じとることが、すなわちベーター読みである。

このように、文学作品、物語については二重の読みが可能である。アルファー読みでも何とかわからないことはない、一見親しみやすさと魅力をもっている。それでいて味読すると、未知の深淵があちらこちらに顔をのぞかせている。それにひかれてベーター読みに入って行く。別にとりたてて抵抗を感じることもない。アルファー読みから入り、そのままベーター読みに至る。物語と文学的読みものはベーターへの入門としてたいへんすぐれている。

そういう議論などどこ吹く風といったように、実際において、この通りのことが、行われているのである。国語の教科書が物語をたくさん教材にしているのは、理にかなっているのである。

もちろん、ベーター読みへの橋渡しという意味ばかりではないかもしれないが、結果としては賢明な措置であると言ってよい。扱い方さえ適切であれば、ベーター読みができるようになるはずで、材料は準備されている。

文学どまり

その適切な扱い、というところに問題がある。読み方を主として教えるのは国語の教師だが、国語教育者の中には文学好き、かつての文学青年がかなりいる。それはそれとして結構であるけれども、文学好きな国語の先生は、物語を、ベーター読みへの橋渡しなどとは見ない。見るのをいさぎよしとしない。はじめから文学を究竟の目標として読もうとする。既知の読みだの、未知の読みなどということは、もちろん念頭にない。ひたすら文学に沈潜する。

こういう文学国語教育がもっともすぐれた国語教育であると考える伝統はいまなお

牢固としてほとんどゆるぎなく続いている。それに対する反省はほとんどない。

国語教育が文学作品を扱うのは、すぐれた表現を読みとるためである。小説家や文芸評論家を育てるためではないだろう。

物語は、ベーター読みへの橋渡しをする橋であってよい。それなのに、文学国語教育はその橋を向こうへ渡って行くことを拒んで、その上に留まることを理想とする。これでは、いくら文学教材を読んでも、いっこうにベーター読みができるようにならない。

文学作品を読ませるのに、教室では、作者の伝記とか作品成立の事情から、ときには時代背景までが理解への手引き代わりに与えられる。これは文学的国語教育としても妥当とは言いがたい。表現は表現だけで、読まれるべきである。そうでないと、せっかく未知の要素を豊かにもっている文章が、既知のように思われて、アルファー読みでこと足りるように考えられかねない。

理論上は、ベーター読みの入門には文学教材がもっとも適しているのだが、こういうような事情があるために、実際では、転換に成功しないことがすくなくない。

文学好きな人間がかならずしも未知を読むのに練達の読者ではないのはそのためで

ある。

物語には筋があって、親しみやすい。情緒的な受けとられ方が多くなる。知的なベーター読みの能力を育てるのには、あるいは、有効でないのではないか、という反省が生まれたのかもしれない。

近年、論説、解説など知的散文の国語教科書に占める比率が大きくなったのは注目される。これなら、一見して、未知のことなら未知のことをのべているのがわかる。物語のようにおもしろそうで、身近な世界だという錯覚を与えることもすくない。

・

ベーター読みは全教科の基本

それだとアルファーを経由しないで、はじめからベーター読みに入らなくてはならない。物語を読みなれた目からすると、実際以上に無味乾燥なように映じるであろう。

非文学教材によってベーター読みの練習をするのならば、そして、成果をあげようと思うならば、アルファー読みからベーター読みへの切り換えの方法を徹底して研究しなくてはならない。あるいは、アルファー読みを経ないで一挙にベーター読みをする可能性が検討される必要がある。

その辺をあいまいにしたままで、知的散文を読ませようとすれば、序章にのべた中学生のようなことになるのは当たり前である。かれらは、いわば犠牲者で、叱ったりしてはかわいそうだ。

こういうような次第で、学校の教室では、アルファー読みからベーター読みへの転換が確実に行われるという保証がない。しかるに、学校は学習者にとっての未知のことを文字を通じて学びとる作業を強制する。そのテクストである教科書の憂鬱は小さくない。

ベーター読みは、何も国語教育だけの問題ではない。およそ読むという営みのすべてにかかわりをもっている。もし、ベーター読みができなければ、新しい知識を与えることを目的とするすべての教育は成果をあげられないことになる。

そういう重大な問題を国語の教育者だけに委ねておくのは適当ではない。他教科でも、それぞれの立場において積極的にこれに取り組んでゆくべきである。もし国語教育があまりに文学的であったら、ベーター読みが保証されるような、研究が行われるべきであろう。

5——虚構の理解

おとぎ話の〝教育〟

幼児期にアルファー語の母乳語と、ベーター語の離乳語との二つがあることはすでにのべた。

母乳語から離乳語への転換はどのようにして行うのかについては、そこでは、あえて触れなかった。アルファー読みからベーター読みへの切り換えを考えたあとにした方がよいと思ったからである。前の章で、文芸作品、物語によるのがもっとも正統的な方法であると言ったのには、わけがある。

幼児期のアルファー語からベーター語への切り換えにも、同じことが考えられる。いちばん普通には、おとぎ話によるのである。おとぎ話はフィクションであり、現実の裏付けをもっていない部分が多く、文学作品に似ている。

具体的な母乳語における、ことばとそれがあらわすものごととの一見、必然的な関係を、実は、切れば切ることのできる関係だと改めて教えるには、超現実のことばでなければ役に立たない。それかといって、哲学的議論のようなものでも不適当であるのははっきりしている。ある程度、あるいは、大いにおもしろくないといけない。何度でも聞きたくなるような話がいい。くりかえし聞いていると、あきてくるようなものはいけない。何度くりかえされてもすこしも味の変わらない典型に達したことばでないとよくない。

そういうものが、そんなにザラにあるわけがない。いつのまにか、おとぎ話に落着いた。これなら、古典的堅固さをもっている。十回や二十回くりかえされた位ではびくともしない。

学校教育などということがまだ考えられもしなかった大昔から、おとぎ話の〝教育〟は行われていたらしい。それはただ、古い歴史を次代に伝えるというためばかりではなかった。ことばについての基本的能力を養うために有効であることを、生活の知恵として予見していたのである。

人間が人間らしい文化をことばによって築いてこられた土台には、幼時におとぎ話をきかせる習慣があったからだと言っても決して過言ではなかろう。おとぎ話は現実の裏付けがない。すくなくとも具体的事象とことばとの関係がはっきりしていない。だからこそ、母乳語、アルファー語において、いったん結びつけられた、ことば＝ものごとの絆を切り離すのに役立つ。

美しいウソ

ことばはウソが言えないといけない。ウソなど言えない方がいいにきまっている、と道徳家はいきまくかもしれないが、早まってはいけない。他人に迷惑を及ぼすようなウソが反社会的でよろしくないのはもちろんである。ただ、ときとして、そういうよくないウソがあるからといって、言語の虚構性そのものまで否定したりしては大変である。

さきにものべたが、広く人間の文化は、いわば美しいウソである。もうすこし限定して言うならば、文学的フィクションとはまさに、美しいウソそのものである。文芸が古来、くりかえし、社会から反道徳的、反良俗的という非難を受けてきたという歴史は、言語芸術がいわゆる困ったウソと同じ根をもっていることを暗示するように思われる。

おとぎ話はウソの結晶である。これを喜んできいているうちに幼児は、いつとはなしに、ことば≠ものごとの関係を体得する。ことばは任意の記号であること、ウソをつくことのできるものであることを理屈を越えて感じるようになる。そして、アルファー語からベーター語への切り換えができる。

おとぎ話を卒業した年齢のこどもは、よく勝手なつくり話に興じるものだが、それはベーター語による表現のエクササイズである。それに対してあまり禁止的になると、後年、フィクションへの不適応を生じるおそれがないとは言えない。

アメリカのワシントン大統領がこどものとき、父の大切にしていたサクラの木を誤って切り折ってしまった。だれが折ったかときかれて、わたくしですと、少年ワシントンは悪びれずに申し出た。この正直が美談であるとして、広く人口に膾炙《かいしゃ》した（もとは「フィフティ・フェーマス・ストーリーズ」に出る）。このことをとらえて、そういう話がもてはやされるようではアメリカで文学は栄えない、と言った批評家がいる。いまのアメリカは文運さかんであるが、ワシントンのサクラの逸話はあまりもてはやされなくなっているのではあるまいか。

新しいことを知る

幼児期における、アルファー語からベーター語への切り換えは、おとぎ話による。文字を習い覚えてからのアルファー読みからベーター読みへ移るのにもやはり、物語、文芸作品が適当である。両者はまさに並行している。いつのまにか、自然にそうなっているところがおもしろい。

おとぎ話は何でもないようでいて、なかなか難しい。虚構である。未経験の世界であるから、既成の知識やことばだけではよくわからない。それをどうしてわからせるのか。もっぱらくりかえすのである。何度も何度も同じ話をしていると、やがて、全体がのみ込めてくる。わけがわかるのではない。話がそのまま頭に入って、もはや未知のものとは感じられなくなる。イメージ、パターンができる。後々、フィクションの理解の原型になる。

文章とか、ことばというものは、一度でわかってしまわないといけないように考えるのは誤っている。新しいことを知るには、時間がかかる。一度だけでは無理である。教えたことを、すぐあとで試験してわからなかったら承知しない、というような教育では、わかり切ったことしか教えられない。

わからないところが残っていい。それをほかから手をさしのべて、即席の理解へもって行こうとするのは、せっかくのベーター的理解の機会をわざわざつぶしてしまうことになる。

わからないところがおもしろい

かつて、こういうことがあった。

わたくしの書いたエッセイが小学校五年生用の国語の教科書に載った。「赤い風船」という文章である。内容は、実際にあったことで、小学生の少女が登場する。その子の飛ばした風船がうちの庭に飛んできた。大分たってからしいが、わたくしはそれをひろった。学校の名前と小学一年の少女の名が書いてあるから、はがきを出した。その返事の代わりに一年近くたってから年賀状が来た。それには住所があるから、少女のうちを夜の散歩のときに見に行った。もちろん、外からながめただけで帰ってきた。それから毎年、暑中見舞と年賀状はかかさずくれる——そういうことを書いた文章である。

九州のある小学校ではこの文章を勉強したクラスの児童が全員感想を書いた。それを担任の先生が送ってくださった。先生の添え書きには「最初は、むずかしい内容のように思いましたが、読んでいるうちに児童も興味をもち、とても楽しく学習」したとある。何度も読んでくれて、はじめ難解だと思ったことが、おもしろくなったのだとすると、筆者としてもうれしい。序章の中学生のことがあるだけに、感動した。

こどもの文章を見ると、わからないところがあるというのがすくない。たとえば、「なぜたき火をしていると先生は心が落着くのですか」（気がくしゃくしゃしたからたき火をした。それで気がすこし落着いた、とわたしの文章にある）「よく女の子の家にいく気になりましたね」（男の子で、自分なら恥ずかしくて、というのだろう）「どうして女の子の家を夜なんかに、しらべに行ったのですか」（女の子がよほど気になるらしい）「いつあったことですか」（〝昔々あるところに〟というおとぎ話の語り口ならこういう疑問をおこさせなくて、いい）。

はじめ、こういう感想を書いてくれたのだから、わからないと言っているところには答えられるだけ答えようと思って、すぐ、それはいけないと考えなおした。わからないところがあるから、そこをわかろうとしているからこそ、おもしろいのではあるまいか。へたに、実はこれでとタネをあかしてしまえば、ベーター読みしていたものが、そのとたんに、アルファー読みに転落してしまう。ゆめ、心なきことはすまい、と思いかえしたのである。

けわしい山に挑む

クラスあてに、手紙を書いたが、きかれていることはいっさい無視する。なぜ答えてくれないのか、と小学生たちは、ちょっぴり不満だったであろう。それを考えると、かわいそうでないこともないが、やはり心を鬼にして、答えなかったのは、間違っていなかったと思っている。

だいたい、教科書は、憂鬱なものである。ただし、その中から、かすかな知の光明が浮かび上がってくる。はじめてその光にふれたときには、「ユリーカ〈われ発見せり〉」という気持になるだろう。

ベーター読みは、その発見を目ざして、一歩一歩、けわしい山道を登っていくようなものである。ロープウェーがあるから、それに乗って頂上へ行くこともできるけれども、山に登った喜びはロープウェーでは味わうことはできない。

アルファー読みは楽でたのしいだろう。ベーター読みはやっかいである。しかし、ロープウェーがあっても登山が決してなくならないように、いかにアルファー読み向きの読みものが多くなっても、ベーター読みがおろそかにされてはならない。わかりやすい本があふれるように多い、こういう時代だからこそ、けわしい山に挑むような読書がいっそうつよく求められる。

6――素読

「解らない」読み

昔の人が学問をする、と言えば、漢学ときまっていた。学校はないから、塾へ行く。読むものは四書五経である。大学・中庸・論語、孟子（四書）、易経・詩経・書経・礼記・春秋（五経）である。三国志や水滸伝を読ませるような漢学はない。

読み方がまた独特である。素読といわれるもので、いっさい説明しない。ただ声を出して読ませる。師匠が言ったとおりついて読む。

内田百閒《うちだひやっけん》は小学生のときに漢学の先生のところへ通って素読をやらされた。「私の子供の時にも、もう素読ははやらなかった」と書いている。「琴書雅游録《きんしょがゆうろく》」という随筆にこういうところが出てくる。

「『大学』を紺の風呂敷に包み、土塀のつづいた淋しいお屋敷町を通つて、先生の許に行くと、細木原先生は、もう大変なお爺さんで、床の間の前に、赤い毛布で膝を包んで坐つてゐる。黄色くて、しみのある顔に、恐ろしく大きな眼鏡をかけてゐるから、初めは狸が化けたやうに思はれた。私が先生の机の前に畏《かしこ》まり、自分の持つて来た本を両手に捧げて、戴いてから、その上に開くと、先生は向うから、本の字を逆さまに見ながら、蝙蝠傘の骨で、字を突いてくれた。一字づつ、行の下に行きつくまで、蝙蝠傘の骨が私の方に近づいて来る。返り点で、ひつくり返る時には、骨の尖が、紙の上を躍る様に飛んで、何だか大変ちらくらして、急がしさうになる。骨は真黒だけれども、一番突尖の少し丸くなつた所だけが、紙の上を行つたり来たりする内に磨かれて、銀の玉のやうに、きらきら光つてゐた。一生懸命に聞いてゐても、何の事だか解らなかつた。

物ニ本末アリ事ニ終始アリ先後スル所ヲ知レバ則チ道ニ近シ

解らないから、ちつとも覚はらぬ」

〃一挙に本丸から〃

素読とはこういう読み方であった。「解らない」のであるが、それは承知で教えていたのである。

なぜ、そんなことをしたのか。まったく効果がなければ、いくら昔だからといって、広くこれが行われたりするはずはなかろう。長い間、これが有効だと考えられ、ほかに教育らしいことがなされなかったということは、その「解らないから、ちっとも覚はらぬ」素読によほどいいことがあったに違いない。それが人々によくわかっていたのであろう。

だれが見ても無理だ。小学生に、いまなら大学生でも歯の立たないような四書五経をやみくもに読ませるというようなことをさせたのは、読むということはどうやってみても、しょせん難しいものだという通認識があったのではあるまいか。

泳ぐのはたいへんだからといって、いくら畳の上で稽古していても、いつまでも泳げるようにはならない。水に入るのがこわいから、砂場で泳ごうか、などと言っているのでは話にならない。どうせ一度は苦しい目にあわなくては泳げるようにならないのなら、ひと思いに、まるで泳げないのを承知で海の中へ突き落してしまえ。それで何とか泳げるようになるものだ。素読にはそういう読者に対する信頼感がある。それと同時に、へたにやさしいものを読ませたりしていると、いつまでたっても、四書五経のようなところへはたどりつけまい、という考えもある。

まずアルファー読みから入り、ベーター読みへ切り換えて、などといっていては、本当の読みができるようになるまでにどれほどの時間がかかるか知れない。一挙に本丸から攻めよ。それが素読の思想である。

素読は人間を育てる

これまで考えてきたように、アルファー読みからベーター読みへ移るのは、実際にやってみると、なかなかうまく行かないものである。いつまでもアルファー読みにとどまったまま、ということになりかねない。ひどく時間もかかる。

近代の学校教育は、ベーター読みをさせる確実な方法をもっていないように思われる。もし、そうだとすると、いかに乱暴なように見えようと、はじめからベーター読みを強行するのは案外現実的かもしれない。成果をあげた素読のことを古くさいと言って軽蔑することはできない。

昔の社会が、漢学の素養のある人を、ただの読書人としてばかりでなく、むしろ人間として尊敬していたのは、素読から入った読みが人間形成にも大きな影響をもっていたことを暗示している。明治の漢学者は洋学へわりに抵抗なく移った。また、明治の英学者はほとんど例外なく漢籍の知識を豊かにもっていた。

このことが、外国のことばを和訳するのに役立った。いまから見ても、銀行、演説、会社、内閣、煙草、麦酒、硝子のような訳語には感心させられる。漢字についての造詣がなくては、こうは行かなかったに違いない。

戦後、片仮名の外来語がはんらんするというのでよく問題にされて来たが、いまの日本人のように、制限漢字になれ、漢字能力が低下してしまっては、訳出は思いもよらない、片仮名にするほか手はない。明治こそ外来語があふれていた。けれども、名詞の多くは漢字に訳してしまったから、外来語のようには見えなかったにすぎない。

以上は余談だが、漢文の素読は外国語の読みに通じる。ベーター読みを共通項にもっている。母国語では、こういうきびしい読み方はしにくい。読みの訓練には、外国語、あるいは漢文のような半ば外国語的なものが役立つのは、そういうことばなら、未知の要素がたいへん大きく、ベーター読みをせざるを得ないからである。

これはわが国の素読に限らない。ヨーロッパでは中世以来、学問の中心にラテン語があった。古典語であるのはわが漢文に近い。それを読ませるのが教育の最重要部を占めていた。ただ知識を与えるだけでなく、これが同時に人間形成にも有効であると考えられていたところは漢学の素読に通じるものがある。

テクスト信仰

もうひとつ注意すべき点は読むテクストである。素読が四書五経について行われた点が重要であって、漢文の小説などでこういう読み方をすることはとうてい考えられない。ヨーロッパのラテン語学習についても、同じで、教えられるものは極めつけの古典ばかりである。それをそらんじていれば、一生、教養人として通る。何よりもテクストへの絶対の信頼がある。

ベーター読みにおいて欠かせない条件は、然るべき原典の選定である。社会が公認するようなものがはっきりしていれば、素読のようなことも可能である。

書かれてからまだ日も浅く、はたして次の時代まで遺るかどうか疑問だといった文章を素読のテクストに選ぶことは考えられない。

四書五経といった絶対的テクストが確立していたからこそ、安心して素読ができた。明治になって、外国から学習者の理解に合わせた段階的読みの学習が導入されるに及んで、素読は朝の露のように消えたとされている。それはその通りであろうが、四書五経そのものがかつてほど尊重されなくなったという事情も見落してはならない。

学習者の理解に合わせた読みの指導は未知のものの提示にきわめて臆病である。アメリカの英語教科書の編集における、新語の扱いにもそれがよくあらわれている。学習者の知らない単語を本文に出すときは、その課で、すくなくとも三回、次の課でまた一、二回繰り返すようにして、徹底させよ、としている。新出の単語がぞろぞろ出て、一度出るだけで復習もできないようなのは不親切であるというのである。

そういうアメリカの影響を受けて、戦後のわが国の英語教科書もずいぶん親切になった。未知のものはすこしずつしか出さないようになっている。素読がわからないことずくめの原典をいきなり読ませるのと対照的である。

今こそ、素読

近代の段階的読みでは、ベーター読みですら、アルファー読みと錯覚する心配がある。いつまでたっても高度のベーター読みに入ることができない。登りの傾斜がゆるやかであればあるほど、親切で、無理のない教材だとされる。こういうテクストでいくら歩く練習をしても、すこし険しい山になると、たちまち落伍するにきまっている。山登りには、なまじ平地訓練などしなくてよい。かえって、しない方がよいというのが、超合理的な素読である。

無理なことはわかっている。しかし、ベーター読みへの移行が、たとえば、文学作品を通じて行われようとしても、いかにも不徹底なものに終わることが多いのを見るにつけても、素読の効果をもう一度考えてみてもよいように思われる。

素読を可能にするには、古典的価値の高い少数の原典を選定することである。それを学習者、そのまわりの人々が絶対的なものであると信じ込む必要がある。信頼していないものでは反覆読みに耐えられるはずがない。

素読では、読んだことが、わからぬということがわかっている。これがベーター読みへの原動力になる。アルファー読みは、わかることはわかっても、わからぬことがわからない。

アルファー読みから、ベーター読みへの転換がこれほど困難なのなら、思い切って、はじめからベーターに入る、新しい素読の方法を検討してみてもよいのである。

7──読書百遍

一度読んで紙屑

東京駅で新幹線に乗り込む人が、その前に急いでホームの売店から週刊誌を二、三冊買う。それを小脇にかかえて自分の席に着く。すぐ読み始める。やがて一冊読みおえる。するとこれを頭の上の棚にほうり上げる。つまり、すてる。これをくりかえして、大阪へ着くころはめでたく三冊なら三冊を卒業して、降りて行く。ご本人は退屈しなくて、たのしかったと思っているだろう。

週刊誌でなく、ペーパーバック派というのもある。やはり売店に並んでいる。その中から一冊買うと、それをしゃぶりしゃぶりして大阪へ着く。着くまでには読み終えているから、降りたホームの屑箱へ、ぽい、とすてて行く。はじめからそのつもりである。

週刊誌はいうまでもない。一応は本のかっこうはしているペーパーバックにしても、一度しか読まれないことを覚悟している。覚悟というのは当たらない。一度読まれたら本望という印刷物である。

読者の方も心得たものだ。読んだら紙屑にして、すこしも惜しいと思わない。こういう読みものが妙に難しかったりすれば、買った人は腹を立てるに違いない。なるべくひっかかるところがないようになっている。それかといって、刺激がなくてもつまらないから、適当にドギツクないと困る。そういう時間つぶしの本に人気がある。

それらのすべてが、はじめから、時間つぶしの読みものをねらって書かれたものではあるまいが、それをねらっていると思われるものもおびただしい。

そういう出版物によって読者はますますアルファー読みのとりこになる。こういう読者がたくさんいるから、それ向きのものがいよいよ出るというわけで、本の価値は落下する。

本は商品

前章の内田百閒が一礼してから本を開いたと書いているが、われわれも小学生のころ、ずっと昔のことだが、教室で教科書を開く前にうやうやしく〝おしいただいた〟ものである。それに、すこしも抵抗はなかった。

文字をふむと〝学校ができなくなる〟成績が悪くなるとしつけられた。うちにいて、新聞をふんだり、またいだりするのも、いけないことであった。だいたい、新聞を畳の上に置くなどというのは、たしなみのよろしくない家庭である。

いかに軽装版であるにせよ、本をすてるなどということは、奇想天外である。そういう時代に育った人間は、いまだに書物に対して特別な気持をいだく。無用とわかっていても、つまらぬ内容とわかっていても、とにかくすててはもったいない、と思う。それがたまって置き場に困っても、なおすてることは思いもせず、書庫をつくろうか、などと考える。

買うにしても、本は格別。ほかの品物を買うのとどこか違う。本を商品と見なしたくないのである。

ところが出版の商業化がすすむと、とにかく読まれればいい、という本がふえる。読まれるかどうかよりも、まず、買われるかどうかが勝負だという出版が多くなる。本は消費財の一種に変質する。

それがはっきりしたのは、装丁がひどく派手になったころから、であろうか。いっこうに売れなかった本が、派手なカバーに変わったらびっくりするほど売れ出した、という経験をした著者もすくなくない。本は中身ばかりではなくて、装丁がものを言うようになった。かつては、地味な、あるいは、そっけない装丁がむしろ読者の信頼の厚さを象徴していたのが、うそのように、きれいな表紙、カバーが目につく。

イギリスでも事情は同じであったらしい。戦前から戦中にかけて、ペンギン・ブックスというペーパーバックにわれわれは注目した。廉価でいいテクストを提供した。その装丁がまわりをオレンジ色でくまどった清楚なのも、ケバケバしい（とわれわれの目には映った）アメリカのペーパーバックに比べて好ましかった。

ところが戦争が終わってしばらくして入ってきたペンギン・ブックス、そのノンフィクション版であるペリカン・ブックスをはじめて見て、あっと、声をのんだ。アメリカほどではないにしても、多色刷りのきれいな装丁になっていたのである。いまにして思えば、やはり、商業化が進んでいたのである。

一見読者

こういう変化につれて、読み方にも変化がおこる。とにかく読まなくてはならない本があとからあとから出て、とても追いつけない。ゆっくり読んでいては、世の中におくれてしまう。常時、そういうあせりを感じている読者が多くなる。

韋編三絶《いへんさんぜつ》。本の綴糸が三度も切れるほど、一冊の本をくりかえしくりかえし読むことである。このごろは、このことばを耳にすることもまれになった。韋編三絶どころか、三回読みかえした本が五冊あるという人がどれくらいあるだろうか。

難しい、よくわかったという自信はないが、すばらしい本である。そういう本は、もう一度読もう、読まなくてはいけないと思うのが普通である。ただ、その決心はなかなか実行されない。おあとに評判の本が待っている。それで、心ならずも再読の機を失してしまう。たいていの本が一見《いちげん》の読者しかもたない。

一見読者は我慢を知らない。すこし難しいとすぐ投げ出してしまう。それをおそれるから、本はますます、わかりやすくわかりやすく、ということを心がける。抵抗となりそうなものは用心ぶかくあらかじめ取り除かれる。

かりに、こういう本を二度、三度読もうとしても、うまくはいかない。一度で読みすてられていい本を読者が勘違いして、二度読むことが絶対ないとは言えないが、とても、韋編三絶とはならない。

三度読んで味の変わらない、いよいよ味の出てくるような本がどれだけあるのか。くりかえし読むにはよほどがっちりした本でないといけない。素読が原典として中国の小説類をとりあげなかったのは賢明である。よほどの傑作でも、物語、小説は再読がせいぜいだ。十遍読める小説があったらお目にかかりたい。

ベーター読みの王道

ベーター読みは難しい内容の本をくりかえしくりかえし読むことによって到達できる。素読はその好例である。素読でなくても、十回、十五回と読み返すうちに、未知を読むことは自然に体得できる。どんなにわからない文章や本でも、反覆読んでいれば、そのうちにわかってくる。

それを古人は、「読書百遍意おのずから通ず」と言った。これぞすなわち、ベーター読みの王道である。

いまの教育、ヨーロッパの近代教育の流れをくむ学校教育では、読書百遍、韋編三絶によらないで、未知を読む力を育てようとした。これが、創作、物語を橋渡しとしてアルファー読みをベーター読みへ移行させようという方法である。ところが実際に成功しにくいことはすでに見た通りである。

そこで改めて、素読や百遍読みの現代的意義を問うてみる必要があるように思われるが、ほとんどそういうことを聞かない。活字離れ、本離れということは心配されているが、本当に読めるということはどういうことか、ただ手当たり次第の本を読んでいても、読まないよりもいいのか、といった疑問はなぜかほとんどあらわれない。一見読者をねらうマスコミがこれほどまでに発達したいまの社会において、一冊の本を何度も読まなくてはいけないなどという読書論が喜ばれないのはわかり切っている。

それはそうでも、いくら迷惑する向きがあっても、正しいことは正しい。くりかえし読んだ本のない人は、たとえ、万巻の書を読破していても、真に本を読んだとは言われないのである。

古典の暗誦

ベーター読みのコツをとらえるには、古典、古典的書物の百遍読みがもっとも確実な方法であろう。ただ、これが当世風でないところが泣き所である。

十九世紀のイギリスにジョン・ラスキンという思想家がいた。明治の英学生には親しい名前であったが、このごろまた、公害ということをはじめて言いだした先覚者としてアメリカで再評価を受けたりしている。

このラスキンは名文家としても知られた人だが、一風変わった教育を受けた。三歳になったとき、ラスキンのお母さんは、聖書を二冊買ってきて一冊をラスキンに与えた。それから、毎日、すこしずつお母さんが音読する。ラスキンはそれについて読む。一年で旧約新約を全部読み終える。これをラスキンが十五歳だかになるまで、一年も休むことがなかったそうである。

そのうちにラスキンは聖書を半分以上覚えてしまったという。

ヨーロッパにもこういう素読はあったのである。くりかえしくりかえし読めば自然に暗誦できる。

素読はできなくても、名文の暗誦はできるだろう。ところが、この暗誦がつめ込み教育と言われるのではないかという心配のせいか、さっぱり行われない。暗誦についてはあとでまたのべる。

昔のことは古い。だからと言って古くさいとは限らない。新しいことはおもしろそうだが、時の試練をくぐり抜けていない。新しいものごとは古くなるが、古いものはもう古くならない。

第Ⅳ章

1――古典と外国語

遠い古典

生まれたときからずっと使ってきていることばには、情緒のニュアンスがつきまとう。都会に生活する人間にとって、「ふるさと」ということばは、自分の育った自然の山河、旧友、盆と正月には帰ってみたいというような気持と切り離して考えるのは難しい。

知らないことがらでも、このように情緒のにじみをもったことばで表現されると、身近に感じられる。未知のことも既知のように思われる。十中八九がわかっていると考えるときには、残りの一、二は、未知であるのに、わかったように錯覚する。

大人になると、ことばのニュアンスもそれだけ固定し、それだけ、未知を既知と思い込む度合も大きくなるだろう。そしてますます未知の発見はすくなくなる。

母国語のこういう落し穴はほとんど避けることができない。いつの時代にも、どこの国でもそのときどきのことばしか勉強しないような〝教育〟がなかったのはそのためである。かならず、古典を学んだ。古典は遠い昔の本であることが多い。日常のことばだけから真に未知の世界へ参入する道を発見するのがいかに困難なことであるかを、人間は経験を通じて知っていたのであろう。

古典を理解するのはなまやさしいことではない。過去の時代のことはいくらこまかく書かれていても、不案内なスポーツのルールよりもさらに数等わかりが悪い。もちろん、古典は一読了解とは行かない。何度もくりかえして読む。その間に自然にわからぬこともわかってくるというのが読書百遍である。すぐわかるような本ならそんなことをしなくてすむ。わからないからこそ素読のようなことをする。とにかく覚えてしまえというので丸暗記される。

現代は実用的読書を重視する。直接的に役立つことを目的とした読書が多い。いつわかるのかはっきりしないまま、ただ、読み返すほどわれわれはヒマではないと人は言うかもしれない。読むべき本、読みたい本があまりにも多いこともある。じっくり腰を落ち着けて一書に没入するのに不安を感じる。

古典の決定

いったいに価値というものがはっきりしていない。そういう時代、社会において、〝古典〟の確立は容易ならざることである。どこか古典的安定を感じさせない本を反覆読めと言っても、それは無理である。

戦後、読書百遍とか暗誦とかがほとんどなくなったのは、価値がゆらいだためである。かつての古典は、それを支えていた価値が動揺し、疑問視されるに及んで、色あせ出した。それに代わる新しい価値の定立が見られないから、新しい古典はあらわれにくい。

いまの日本で、万人の認める必読書、古典中の古典というものがはたしてあるのだろうか。かつての四書五経に代わるものが存在するのか。どうも、答えは否定的であるように思われる。このことが読みを浅くしている。高度の読みがなされないまま、いたずらに量が問題にされがちになる。質の不安を量でまぎらせようとする。

未知への挑戦である読書には、その未知が理解に要する労苦に値するという社会的合意の裏付けがほしい。はたしてこれだけの価値があるだろうかという疑念が頭をかすめるようでは、長丁場の難行を維持しにくい。

ベータ読みがことのほか難しいのも、古典がはっきりしなくなってきているからである。社会全般で公認する古典が明確でないなら、個人の責任で、めいめいの古典を決定するほかない。それをくりかえしくりかえし読むことによって、ベータ読みを可能にする。これが現代読者に残された途なのである。

もし、その選択が誤っていて、所期の目的を達しないとすれば、それはその人の人生の失敗で、だれをうらむこともない。いくら間違った選定をしても、とにかく、これこそわが生涯の書ときめた本があって、それを絶えず読み返していれば、かならず、それなりの成果はあるはずである。

外国語学習の効果

外国語の読書では母国語とは異なり、何でもないことが、いちいちわからない。観念としてはわかってもニュアンスに助けられないから、靴をへだてて足をかく思いをする。眼光紙背に徹するというが、あれこれ思いめぐらして、ようやく見当をつけるが、それにしても、正解だという自信はない。戦々兢々、薄い氷の上を歩くようなものである。

既知のことすら、未知のように見える。当然、入念な読みの習慣がつく。外国語学習はベーター読みの修練としては、古典と並ぶ有力な方法になる。

さきに、翻訳の悪文が、そのわかりにくさそのもののために、われわれの理解力を高める効用をもつとのべた。はからずも、ベーター読みの教材になった、のである。外国語との格闘はそれ以上、いっそう大きな読みの訓練効果をもつように思われる。

しかも、欧米の文献を読むことは、近代日本では至上の緊要性をもっていた。外国のことがわからなくては話にならない。どんなことも、外国でこうだと言えば、それがまかり通った。絶対の信頼がおかれたことから言えば、明治以降のわが国における最大の古典は外国語であったとしてよい。

それだからこそ、古典の影が薄くなった。外国語の価値を疑うものはなく、その中に含まれている〝思想〟に目が向けられた。どんなことが書いてあるかにのみ注目する読みであったために、この〝古典〟としての外国語からは素読の効果が生じなかった。ことばは読んでいないで、思想を読もうとした。ことばを離れて思想はあり得ないのだが、そのことを立ち止まって考えるゆとりがなかった。

英学が漢学ほどには読みとして豊かな実りをもたらさなかったのはそのためであろう。英語の読解がベーター読みの助けになったことは疑問の余地はすくないが、なお、素読に当たるもの、四書五経のような古典にしぼった読書は考えられることもなかったのである。

英文解釈法

まず、はじめは、単語が未知であった。オランダ語について一語の意味をとるのにいかに血のにじむような苦心をしたか。杉田玄白の『蘭学事始』を読むものは深い感銘を受ける。

単語に訳がついても、外国語はなお理解できない。構文が彼我で根本的に違う。これはかつて中国の漢文との間でも起こったから、はじめてのことではない。漢文には返り点を発明して、読み解くことに成功した。初期の英文の解釈においても、漢文の返り点に似た訓点を施すことが試みられたが、繁雑にたえず、ついに失敗する。そのあとに、独自の未知部分の処理法が案出された。英文解釈法である。

日本人が英文を読んで共通にわからないと思うところを解決する手引きである。いわば、英文を暗号と見たてて、その解読のコード・ブックをこしらえようとしたものであった。漢学千年の伝統があってこそ考えられたことだろう。これによって英文の理解は格段の進歩をとげた。苦しい山登りにたとえられるベーター読みに強力な杖が与えられたようなものである。

英文解釈法は明治中期に完成したが、長年、受験参考書として重宝がられたために、不当に貶められてきた。わたくしは年来、この英文解釈法こそ、日本の近代文化が生み出した業績のひとつであると考えてきた。

素読こそ、ついにできなかったとは言え、外国語がわれわれの読解能力をみがき、するどくしてくれた功績を認めるならば、英文解釈法の存在は忘れられない。

こうして、外国語はベーター読みの道場になり得た。感覚をともなわない、不完全理解の訳読に効果があったのである。

失われたベーター読み

明治の日本は、片方において、なお、古典語としての漢学がかなりしっかりしており、他方においては、新しく社会的承認を受けた外国語が未知をはらんで挑戦を待ち受けた。ベーター読みから見ると、これほど恵まれた時代は考えられないくらいである。明治に硬派の骨太の言論が栄え、それを支持したわずかではあるが強固な知識人層が存在し、知的活力にみちていたのは偶然ではなかろう。

それから百年、漢学はすでに国民的教養の座をおり、外国語は英文解釈中心の訳読が批判されて、新しい学習法が導入された。それは実用中心に、むしろ、アルファー読みを目ざす方向をとっている。近代語の教授が漢文のようなものであってはならないいという主張は充分に正しい。科学技術の尊重される時代において、英文解釈的読解は時代錯誤と考える人がいても、それをあながち責めることはできない。

しかし、会話中心の語学からは、ベーター読みへの途が展けていないことは、これまた否定できない。戦後の新しい外国語教育は、すこし会話のできる日本人を育てることには成功したけれども、その代価として、ベーター読みの場を失ってしまった。漢学がすたれ、英学も亡びようとしている。近代日本を推進してきた二つの車輪をふたつながらに失ってしまうのであろうか。

いまここで、未知を読むベーター読みの危機を訴えないではいられないのも、こういう事情をひかえているからにほかならない。

2——寺田寅彦

読書のカーテンをひく

外国のこどもに比べて、日本の小学生ははるかに多く、こども部屋をもっているという国際調査がある（日本青少年研究所調べ）。

フィリピンが三九パーセント、イランが四三パーセントなのに、日本は何と六七パーセントが自分の勉強部屋をもっているそうだ。

かつて、ＥＣから日本人はウサギ小屋に住んでいるなどと言われたばかり。そのウサギ小屋にほかの国よりも多くの家庭がこども部屋をつくるというのは理解に苦しむ。おそらく、親ウサギは自分のいるところをなくして子ウサギの個室をこしらえているのであろう。涙ぐましい親の愛というべし。

昔のこどもは、よほど豊かなうちでないと勉強部屋などもっていなかった。雑居している。みんなの話し声のうるさいところで勉強をしなくてはならない。その話というのが、くだらぬことばかりで、学校で学んでいることとはあまりにも大きくかけ離れている。

この落差に悩まないこどもには勉強の開眼はなかった。

ある小学生は勉強道具をもって土蔵の中へもぐり込んだ。また、あるこどもは土蔵がないから、しかたがなくて物置きで本を読んだ。自分のまわりの環境を否定している。現実の中に埋没してしまってはたいへんである。何とかしてここから脱出しなくてはならない。離脱しなくては勉強でわれを忘れることは困難である。逆にまた、まわりから抜け出すには勉強がもっとも有望な方法であることをこども心に感じている。

生活の環境が低俗である。その中へ巻き込まれてしまわないためには、周囲と自分を隔絶する必要がある。いまのこどものようにこども部屋があるのなら悩まなくていいが、そんなぜいたくのできない時代、家庭では、どうしても目に見えない、自分だけの空間をこしらえなくてはならない——そういうことをかつての意欲のある青少年は直観で悟った。

それで自分とまわりとの間に目に見えないカーテンを引く。そうすれば、現実から脱出できる。それが読書のカーテンである。そして本は未知の世界への入口である。本の力によって日常をすて、高められて行く。

それにはなるべく、浮世離れた読書が効果的である。毎日見聞しているようなことを書いた本では知的カーテンの役をしてくれない。どうしても難解な哲学か文学へ赴くことになる。本の中に、自分だけの世界をもつことのできた、かつての貧しい若ものたちは、りっぱな個室で優雅な自分の時間をすごすいまのこどもに比べて、かならずしもみじめだったとは言い切れないのだからおもしろい。

心の世界の扉を開く方法を早く自得した。とにかくこのままではしかたがない。遠くへ飛んで行かなくては、高いところへ昇って行かなくてはいけないという気持に後押しされている。すこしくらいの困難は覚悟の上である。克服することにむしろ誇りを感じる。

未知を読むベーター読みもとくに教えられるということなく、自分で身につけた。

〝努力〟を失なった豊かさ

いまの家庭は教育熱心である。こどもが求めもしないものでも先回りしてつぎつぎ与える。親たちも昔の親たちに比べたらずいぶん知的である。それでもこどもは、なにかいやなことがあれば、プイと自分の部屋へ入ってしまうことができる。ここは城のようなもの、親といえどもめったに立ち入ることができない。

かつてのような求道的読書がすくなくなったのは、若ものが物質的に豊かになったためであろうか。すこしばかりは貧しくないと、人間は努力をしないものである。

ベーター読みは努力をともなう。口あたりもよくない。堅くてかみくだくのも大変である。よほど意欲がないと、できるものではない。社会へ出ると、学校の勉強ではベーター読みを相当やっていたような人が、そんなことは遠い夢であったかというように、もっぱら通俗のアルファー読みにわれを忘れる。それでもものを読まないと淋しいという。

しかし、仕事の上での失敗があった、というようなときには、アルファー読みでは用をなさない。宗教書を買いたくなる。哲学書を読みたくなる。心理学の本が読みたいというひともある。いずれもベーター読みである。それによって自分の活路を見出そうというのだろう。

読書にはこういうネガティヴな状況と表裏をなしている面があるらしい。いわゆる幸福な人はなかなか読書の奥義に参入することが難しい。

教科書での寺田寅彦

ここで個人的なことを書かせていただく。

田舎の旧制中学校に学んだ。教育とか文化にはむしろ冷淡な地方にあったこの学校は、決して知的雰囲気が濃厚であったとは思えない。長いこと、それをわが人生の不幸のように考えていた。もう少し文教に関心のある地方に生まれ、もうすこし好学の風のある学校に学んだら、あるいは、と益なきことを想像したこともある。

ところが、さきのように、そういう物足りない環境に育ったことは、むしろ、幸運であったかもしれないと思いなおすようになってきたのである。

まわりに、本らしい本はない。読もうとすれば、教科書くらいしかない。これによって自分を高めて行くしか方法がないことを幼い心にも、うすうす感じていた。教科書で読むと、どんな名作も台なしになるという一般の常識を後年、知るにおよんで、むしろ不思議な気持がした。教科書の中で感心するものをいくつも見出してきたからである。

中学三年のとき、国語の教科書で、寺田寅彦の「科学者とあたま」を読んだ。「科学者になるには『あたま』がよくなくてはいけない。此れは普通世人の口にする一つの命題である。此れは或る意味では本当だと思われる。併し、一方で又『科学者はあたまが悪くなくてはいけない』という命題も、或る意味では矢張り本当である。そうして此の後の方の命題は、其れを指摘し解説する人が比較的に少数である」「いわゆる頭のいい人は、いわば脚の早い旅人のようなものである。人より先きに人の未だ行かない処へ行き着くこともできる代りに、途中の道傍或は一寸した脇道にある肝心なものを見落す恐れがある。頭の悪い人脚ののろい人がずっと後からおくれて来て訳もなく其の大事な宝物を拾って行く場合がある」

こういう書き出しの文章を読んで、それまでに感じたことのないつよい衝撃を受けた。もちろん、内容がすぐわかったわけではない。それどころか、わからないところずくめだった。ただ、あたまの悪いことが案外、すばらしいのだという外見上の逆説を我田引水、あまりよくない自分の頭脳もまんざらすてたものではない、というように浅く解した。

何度も読んで、だいたいのことは頭に入った。それから、二、三年して、だんだん、寅彦の考え方というものが、わかるようになってきた。目からウロコの落ちる思い、というけれども、ウロコはポロリと落ちることもあるだろうが、すこしずつ、ずれて、気がついてみたらはがれ落ちていた、ということだってある。寅彦との出会いで、そういう時間のかかる目のさめる思いをした。

それまで、ことばはいろいろな知識を与えてくれるものだと思っていた。どこか役に立つもののように感じていたのである。ひとつには、小学六年生のとき大怪我をして病院で一ヵ月あまりすごしたときに、『少年年鑑』というものをすみからすみまで読んだことが影響していたかもしれない。

いまにして思うと、『少年年鑑』に没頭したのも、入院生活の不安さをまぎらすためのほかに、このままではいけない、何か〝勉強〟しなくてはという気持をもっていたに違いない。そのとき、こんな統計の数字の並んでいるようなものでなく、本らしい本を読んでいたら、と考えたこともあるが、そういう空気のない境遇だったのだから止むを得ない。中学生になっても、断片的知識をふやして喜んでいたのである。

寅彦の「科学者とあたま」を読んで、まったく別の世界のあることを教えられた。ことばでものを考えるのが、いかにすばらしいものか、ということがうすうすながらわかった。未知の世界というのはかならずしも、ものとか、場所とか、知識とかにかかわるとはかぎらない。新しい思考こそ、もっとも多彩な未知の世界ではないか。そう思うようになった。

それだけのことがわかるのに数年を要したが、はじめて、全集を読んでみようと考え、寺田寅彦全集を読み通した。わがベーター読みは、国語の教科書に根をもっている。そのことを、いまは、幸福であったと思う。

教科書で無理やり読まされなかったら、はたして、寺田寅彦を知り得たかどうかさえ疑問である。早い時期に知るようにならなかったであろうことはたしかである。

3——耳で読む

暗誦

中学校のときに、国語の時間で、よく暗誦を命じられた。たとえば、平家物語。

いまでも、

「祇園精舎の鐘の声、諸行無常の響あり。沙羅双樹の花の色、盛者必衰の理をあらはす。驕れる者久しからず、ただ春の夜の夢の如し。猛き者もつひには滅びぬ、ひとへに風の前の塵に同じ。遠く異朝をとぶらへば、秦の趙高、漢の王莽、梁の朱昇、唐の禄山、これらは皆旧主先皇の政にも従はず、楽しみを極め、諫をおもひいれず天下の乱れむ事を悟らずして、民間の憂ふる所を知らざりしかば、久しからずして、亡じにし者どもなり」

というところあたりまでは暗誦できる。重盛諫言のくだり、

「悲しきかな、君の御為に奉公の忠を致さんとすれば、迷盧八万の頂よりなほ高き父の恩、たちまちに忘れんとす。痛しきかな、不孝の罪を遁れんとおもへば、君の御為にすでに不忠の逆臣となりぬべし。進退これ窮まれり」

も覚えた。そのころは、こういうさわりのところは、世の常識であったのであろう。わたくしの父は一介の勤め人であったが、こういうところはちゃんと暗記していた。学校で暗誦を命じられて、これで一人前になれるのだと思ったものである。父はまた、太平記が好きで、よく俊基朝臣再関東下向事の中の例の道行き、

「落花ノ雪ニ踏迷フ、片野ノ春ノ桜ガリ、紅葉ノ錦ヲ衣テ帰、嵐ノ山ノ秋ノ暮、一夜ヲ明ス程ダニモ、旅宿トナレバ懶ニ、恩愛ノ契リ浅カラヌ、我故郷ノ妻子ヲバ、行末モ知ズ思置、年久モ住馴シ、九重ノ帝都ヲバ、今ヲ限ト顧テ、思ハヌ旅ニ出玉フ、心ノ中ゾ哀ナル。憂ヲバ留ヌ相坂ノ、関ノ清水ニ袖濡テ、末ハ山路ヲ打出ノ浜……」

を口ずさんでいた。こどものころから耳になれていたこの箇所に、中学校の教科書で出会ったときは、なつかしいような気がした。ここも暗誦だと先生に言われたとき、たいへんうれしかったことを覚えている。みんなも大人たちが知っている文章だから、当然だと思った。不平を言うものもない。

丸暗記

いまだったら、詰め込み教育だと、生徒ばかりか親たちまで騒ぎ出すかもしれない。やはり、社会に古典は覚えて口で言えるようにしておくのがいいという考えがないと、教育は何でもないことすらできなくなってしまう。このごろのこどもは野球選手の打率だとか、流行歌、コマーシャル・ソングにはよく通じているけれども、平家物語や太平記をそらんじることはすくない。われわれの時代でも、すでに、こどもの暗誦している古典の分量は、大人たちに比べて、はるかにすくなくなっていた。

学校では勉強して、意味がわかってから、暗誦する。合理的のようだが、記憶は丸暗記の方がいい。なまじ、文字や意味を知っているのがじゃまのように感じられる。その点で、素読は丸暗記にとって実にすぐれた方法だったことになる。

漢文にも暗誦があった。英語でも暗誦させられた。いつか、ある女流評論家が、昔、ミッションスクールの女学校で暗記させられたテニソンの「イン・メモリアム」をいまも暗誦できると書いていた。短い詩ではない。全部ではあるまいが、何十行もそらんじることができたのであろう。われわれの中学校のころの英語では、もうそういう古典作品を暗誦させることはなくなっていた。むしろ、語法上難しいところを暗記させられた。いずれにしても丸暗記はまだかなり行われていた。

耳で書き、耳で読む

イギリスの世界的哲学者だったバートランド・ラッセルの自伝を読んで、おもしろいことにぶつかった。「耳で読んだ」というのである。どうして耳で読めるのか、というと、読み手がいて、読んでもらって、それを聞く。それで、耳で読むとなるのだ。読み手は夫人が当たった。ところが、この奥さんが、たいへんなタバコのみだったそうで、タバコを吸う間は、読むのが中止される。ラッセルは、それを待っていたという。注目すべきは、こうして耳で本を読むようになってから、書く文章がよくなったとラッセル自身がのべていることだ。もともとラッセルは文章家であったが、いっそう磨きがかかったというのであろう。晩年の文章は清澄で深さをたたえる名文である。

文字をひろって目で読むのがよくないのではないか。中学で暗誦をさせられているときにそう感じたことがよみがえってくる。

そう言えば、平家物語は実にストーリーの展開がよくできている。作者はたいへん頭のいい人だという印象をうける。あれだけこみ入った事件を盛り込んでいるのに、すこしもごたごたしていないで、整然としている。話がよくつながる。筋も覚えやすい。

作者は、耳で書いていたのであろうと思う。それを琵琶法師が語り込んでいまのような形になった。耳で読むのにもっとも適した表現へ昇華したものと想像される。はじめからいまのように整った形をしていたかどうかは疑問である。

耳で書き、耳で読むことは、高度の洗練を約束するもののようである。そう思って、ふりかえってみると、自分にも、耳で読んだ経験のあることに気付いた。

耳で読んだお経

いまでは、想像もできないが、われわれのこどものころ、農村では、どこのうちでも〝お勤め〟をした。夕方、人の顔が見えにくくなるころになると、方々の家から木魚の音がきこえてくる。近づくと読経の声がもれる。それをききながら、こどもは、早く帰らぬと叱られると思いながら家へ急いだ。

わが家は浄土宗西山深草派のお寺にお墓があった。毎日夜、お勤めを欠かさない。帰りのおそい父にかわって母が仏壇の前にすわる。こどもたちはその両側にかしこまる。仏間には電燈をつけない。ローソクの灯だけ。この燈明のあかりで、ほかのことをすると、目がつぶれると教えられていたから、こどもたちは神妙に仏壇をながめるしかない。

母親がお経をあげる。

〝がんがしんじょうにょこうろ　がんがしんにょちえかー　ねんねんぼんじょうかいじょうこう　くようじっぽうさんぜぶー〟で始まる。わたくしは、すこしさきにある〝がしゃくしょぞうしょあくごう　かいゆーむしとんじんち　じゅうしんごいしょしょう　いっさいがこんかいさんげ〟という箇所がことに気に入っていた。「かいゆーむしとんじんちじゅうしんごい」と続けて言うと何とも言えないいい気持ちになるのである。

耳で読んでいた。文字はこどもが見てもわからない。母も覚えているお経の本を開くことはなかったから、お経は音楽のようなものだが、けっこうこれがたのしかった。

中学生になってから、お経は漢文を棒読みしているのだとわかって、耳で読んだ文字に興味をもった。

願我身浄如香爐（願わくは我が身の浄きこと香爐の如くならんこと）願我心如知慧火（願わくは我が心知慧の火の如くならんことを）念念焚焼戒定香（念々に戒と定《しずけき》の香を焚き）供養十方三世仏（十方三世の仏に供養し奉る）

我昔所造諸悪業（我れ昔より造れる所の諸の悪業は）皆由無始貪瞋癡（皆無始の貪りと瞋《いか》りと痴《おろか》さとに由《よ》る）従身語意之所生（身と語と意とより生ずる所なり）一切我今皆懺悔（一切我れ今皆懺悔したてまつる）

ことばの音は知っている。十年もたったころになって、はじめて知った意味はきわめて新鮮であった。こうしてみると、お経は思いがけない影響を及ぼしていることを認めないわけにはいかない。巨きな未知があるということを幼い心はいつとはなしに教えこまれた。

未知を読めば

後年、よくわからないままに外国語に魅せられるようになったのも、根をたどって行くと、このお経を耳で読んだことにたどり着くかもしれない。

漢学の素読ができなかったのは、時代のせいでしかたがないとあきらめてはいたが、残念であった。しかし、それに近いことを毎日のお勤めでしていたのだと気がついたとき、妙にうれしかった。すくなくとも、耳で読むことを覚えた。バートランド・ラッセルの自伝でつよい感銘を受けたのも、いくらかそれに通じる経験がこちらにあったからであろう。ラスキンが聖書をくりかえし、くりかえし読んだというのに心をひかれたのも同じ理由によるであろう。お経の意味がまったくわからなかったところが神秘的でよかった。

日によってお勤めの中で、「一枚起請文」を読むことがあった。これは母が読むのにつけて、こどもたちが和した。

「唐土《もろこし》我朝に、もろもろの智者達のさたし申さるる観念のねんにもあらず、又学問をして念の心を悟りて、申す念仏にもあらず。唯往生極楽の為には、なむあみだ仏と申してうたがひなく、往生するぞと思ひ取りて申外には別の子細候はず。但し三心四修と申す事の候は皆決定《けつじょう》して南無阿弥陀仏にて往生するぞと、思ふうちにこもり候なり。此の外におく深き事を存ぜば、二尊のあはれみにはづれ、本願にもれ候べし。念仏を信ぜん人は、たとひ一代の法を能々《よくよく》学す共《とも》、一文不知の愚鈍の身になして、尼入道の無知のともがらに同《おなじう》して智者のふるまひをせずして、ただ一向に念仏すべし」

これだけである。

こういう文章を素読のように読んだことをありがたいと思うようになるのに、何十年も要した。

未知を読めば究極は宗教に達しないではいられなくなるのであろうか。

4——古典化

禅の公案

なにごとも読んだら即座にわかってしまわないといけないように考えるのは、アルファー読みにならされた人間の陥りやすい誤解である。

本当に読むに価いするものは、多くの場合、一度読んだくらいではよくわからない。あるいはまったく、わからない。それでくりかえし百遍の読書をするのである。時間がかかる。いつになったら了解できるという保証はない。それがベーター読みである。

わからぬからと言って、他人に教えてもらうべきではない。みずからの力によって悟らなくてはならない。

この点でベーター読みの極限を示しているのが、禅の公案であろう。

公案とは、参禅した者が悟りに至る手段として、師家から与えられる問題のこと。

思慮分別によっては容易に解き得ない問いであるのが普通だ。既得の知識でかんたんに答えられるようでは公案にならない。まったくの未知を身をもって解き明かそうとするのである。

江戸城を築いた太田道灌は文武両道の名将と言われたが、禅家の名僧があるときくと、かならず訪ねてその教えを受けた、という。

川越の庵に隠栖していた雲岡というなかなかの禅僧がいたが、一日、鷹狩りに出た道灌によって見出された。

道灌はこの雲岡から

「大死底の人、たちまち活するとき如何」(一ぺん死んだと思ったほど一切を棄ててしまった人間が、何かの縁でふたたび大活現成《だいかつげんじょう》とばかり活きかえったら、どんなことになるか)

という公案を与えられた。

道灌は寝てもさめてもこの問題に取り組み工夫をこらしたが、わからない。そのまま、小田原最乗寺へ修行に入り、さらに心をくだいて考え続けた。ある朝、便所へ行き用をすませて立ち上がろうとしたとき、脚がもつれてひっくりかえった。その瞬間に長いこと考えあぐねていた大問題がたちまち氷解した、という(この道灌の項、松浦英文『達磨入門』による)。

完全に未知のことを読み解くには、これくらいの努力が必要である。それまでもち合わせている知識では役に立たない。思考力によっても処理が困難である。謎と疑問をそのままにして生きていると、その中から偶然、その答を暗示する状況があらわれて、問題とヒントが、あたかも、高圧の電流が一から他へ閃光とともに放電するように悟りが成立する。

時間をかける

こういう理解は、いわゆる教えることではとうてい達することのできないものである。中国の禅僧についても、こうした教えない教えの例はおびただしく伝わっている。

唐の時代、潙山霊祐《いさんれいゆう》(七七一—八五三)の弟子に香厳智閑《きょうげんちかん》があった。香厳は潙山と同じく百丈懐海の弟子だったが、百丈が亡くなって、潙山の弟子になった。潙山は香厳にこう言った。

「おまえがまだ母の胎内を出ない前、西も東もわからなかった時はどうであったか、一言で言ってみろ」

香厳は秀才であったから、おびただしい知識をもっていたが、この問には答えられない。教えを乞うが、潙山は、わしの考えを言ったところが、それはわしの見解である。おまえの役に立たないと言って、つっぱねた。

香厳は師のもとを去り南陽へ行き草庵を結び修行した。一日、山中の掃除をしていて、瓦のかけらを竹林に投げ込むと、竹にあたってカチンと鳴った。その音で、香厳は悟ったというのである（香厳の項は紀野一義『禅』による）。

正しい解釈、解決を得るのに、「時間」が大きな働きをするのが、こういう場合で見のがしてはならないところであろう。即座の理解では、時の働く余地がない。その場でわからぬことは、あれこれ時間をかけて考える。時間が加勢する。一度でわからぬ文章を何度も何度も読み返す。その間に時が作用する。時間によって、未知である対象も、わかろうとする人間も、ともにすこしずつ変化して、やがて、通じ合うところまで近づくようになるのかもしれない。公案から悟りへの過程にそれを見ることができる。

古典化と風化

われわれ現代人は、合理的に、ものごとを考えようとする。理解ということも人間の思考と知識のみで説明できるように思いがちである。時間というような人間の外のものの働きを援用するのを好まないが、時が解決してくれるところが大きいことを無視してはなるまい。

時間をかけるのは、対象に古典化と風化の作用を加えることにほかならない。時がたつにつれて、対象の弱い部分は崩壊をはじめる。そして強固な部分は結晶としての姿をとろうとするであろう。

風化の方が古典化よりも強ければ、やがてそれは消滅に向かう。逆に、典型化への力がつよければ、風化の部分をのりこえて、新しい生命を獲得し、古典的、古典になるのである。

百遍読書をしていて、風化する部分の方が典型化する部分より多ければ、だんだんつまらなくなってくる。反覆読むのにたえられなくなる。たえるのは、だんだんよいところが姿をあらわすような本である。言いかえると、そういう本はその読者において、古典になって行く。

ベーター読みは、この古典化を読みとることである。それは、かならずしも、文章の筆者が意図したところのものと符合するとはかぎらない。読むものが全身全霊をこめて読むとき、読みとられたものが筆者の考えそっくりであるのは、むしろ例外と言ってもよいくらいである。

読書は、新しい意味の発見である。悟りもこれと似たところをもっているように思われる。公案の解は万人同じものであるよりは、ひとによって必然的に違っているはずである。それ故に長い工夫の時間が必要になる。

時のベーター読者

個人におけるベーター読みと同じことが、社会全体としての多数の読者の読みについても認められる。

新しい天才詩人があらわれたとする。その作品は一般読者、さらには、それまでの伝統になじんでいる文学批評家たちにとって、多くの未知を秘めている。アルファー読みで読もうとしても歯がたたない。それをもって世評は愚作であると即断する。酷評を浴びせる。天才はそれにひどく傷つく。

そうした例は内外の文学史にその例がきわめて多い。それで、そのまま、永久に葬られてしまうか、というとそうではない。時がたつにつれて、すこしずつ、〝新しい〟ところが理解されるようになり、次の時代には、ゆるぎない古典の座を確保していることが多い。

個人において、読書百遍意おのずから通ず、ということがあるのと同じように、社会としてみても、読書百遍、時間をかけて読んでいると、その本当の価値が明らかになる。アルファー読みで駄作と誤解していたものが、古典となる。ただ、それには時間がかかる。

ベーター読みは、できれば、それほどの時間、何十年というような期間を経ずして、未知を読みとることにほかならない。

一般には、何十年という時の流れに俟《ま》つほかない。時の関所で古典が生まれるとすれば、時こそベーター読みをする無言の読者ということになるかもしれない。

「知己を百年の後に俟つ」

作者の方でも、自からの作品の究極の姿を知らない。どのような読者がどのような読み方をするかわからないからである。ただ、同時代読者はあまり当てにならないことを、すぐれた作者は感じている。同時代読者は多くのことを既知と感じているが故に、アルファー読みで読みやすいからである。

アルファー読みでは、究極の姿は読みとれない。本当の意味は作者にだってよくはつかめていないかもしれないのである。それを、浮かび上がらせるのは、ベーター読みの読者である。あるいは、それに相当するはたらきをする〝時〟である。

「知己を百年の後に俟つ」というのは、作者の側で、いちばんわかってもらいたいことは、当座の常識的な、古いものを見つけてきた眼鏡をかけた目には入らない。そういう先入主をすてた、まったく新しい目によって、発見されるものである。それには、時間がかかる。それを待たなくてはならない、ということを意味している。

ひとりひとりの百遍読者ではなく、社会でくりかえし、くりかえし読んでくれる百年の歳月を経て、ようやく、「意おのずから通ず」る。そういう作者の覚悟が「知己を百年の後に俟つ」にはこめられている。

そこには禅に参ずる人が、公案を解こうとして、実に長い間考えに考えるのに通うものが感じられる。

時間をかけることによって、価値のあるものは古典化する。そうでないものは、自然に忘失、湮滅の道をたどる。

アルファー読みでは、古典とのかかわりは生じにくい。くりかえし、時間をかけて読む読み方によって、読まれるものは、古典化する。たとえ、一般には古典と見なされないようなものであっても、時間をかけたベーター読みにたえるならば、すくなくとも、その人間にとって、りっぱな古典である。

5——読みと創造

妥当な意味は〝発見〟されるもの

われわれは長い間、文章の意味は正しいものがひとつだけある、という正解神話を信奉してきた。そして、その正解は、作者、筆者がその文章に込めようとしたものであるとした。いくつかの解釈があるときには、筆者の考えが最優先するという作者絶対視の考えをとってきた。おそらく、学校の教育が知らず知らずのうちに、植えつけた考えである。

そのために、われわれの読みはかなり歪んだものになっているが、普通はそのことに気付かない。もっとも、既知を読むのであれば、正しい読みがどんなものなのか、考えることもないから、気楽である。

ところが、未知を読むとなると、正解を避けて通るわけには行かない。読者はそれを目ざして読むのである。

文章の意味として、かならずしも、その筆者の考えがもっとも正しいという保証はない、ということを知るのは、本当に読むことを考えるとき、きわめて重要な問題である。妥当な意味とは、存在するものではなく、発見されるものである。ある時点では妥当な意味であったものが、別の時点ではそうでなくなることはいくらでもある。筆者の意図したのも、ひとつの意味であって、決して絶対的なものではない。それだけではなく、ときには、読者がよりすぐれた解釈を発見することもありうる。

イギリスの詩人T・S・エリオットは、すぐれた批評家でもあったが、晩年になって、読者の解釈ということについて新しい考えを示した。未知の読者から作品に関して思いもかけぬ質問を受ける。そしてそれによってこれまで気付かずにいた意味を教えられることもすくなくないというのである。

作者が読者に教えられるというのは、若い詩人や批評家には認めにくいことであろう。作者が決して万能でないところに、文学や表現のおもしろいところがあるのであって、作者にとっても未知のことがありうる。

解釈ということについては、ほとんど問題のない既知の読み方は別として、未知を読むときには、読者が、書き手の意図したところを過不足なく読みとるというのは、実際には、考えることは難しい。

筆者と読者のコンテクスト

筆者と読者との間には、文章の解釈について、つねにある不一致が存在する。すべきものである。人間はおのおの独自の世界に生きている。表現に関係づけて、その世界のことをコンテクストと呼ぶことができる。

筆者の背負っているコンテクストと読者のもっているコンテクストは、いくら近似的であっても、かならず違っている。かりに、まったく一致符合するコンテクストをもっている二人がいれば、それはどちらかが人間ではない。

コンテクストが違っていれば、同じ表現について、必然的に異なる解釈が生まれるはずである。意味はコンテクストから離れては存在し得ないからである。

筆者がその表現に込めた意味は、読者が読みとる意味とつねに多少とも違っているものである。これが完全に一致するように考えるところから観念的で、空虚読みの考えが生まれる。

筆者と読者のコンテクストの差を、もっともはげしい形で示すのが添削であろう。ここでは、作者よりも第三者、添削者の解釈の方が優位に立つ。読者に当たる添削者は、作品の中に、ときとして作者の考えていないようなコンテクストをもち込み、新しい意味をつくり出す。

添削者は原表現に対して破壊的読者である。しかし、それによって、よりすぐれた新しい意味を見出すことができるならば、創造的読者だと言ってよい。

添削はベーター読みを基盤にしている。ときとして、誤解がおこるのは止むを得ない。それにもかかわらず、添削がいまなお行われているのは、それがすぐれた作品を生むきっかけになるからにほかならない。

推敲も古典化

添削が他人の作品に対して行われるのに対して、推敲は自作について行われる。初案を得たときのコンテクストと推敲するときのコンテクストは違っている。執筆から時間がたって、それだけコンテクストが変っているからである。かなり大きく違っていなければ、推敲の意義もすくない。〝風を入れる〟というのは相当時間がたってから見直すことで、コンテクストも変わっているから、よい推敲ができる。

アメリカの作家ヘミングウェイは、作品ができると原稿を銀行の貸金庫の中へ入れてしばらく眠らせておく。かなり時間が経ってから、とり出してきて、新しい目で読みかえす。これをくりかえして意に添うようになってはじめて出版にまわしたという。作者においても読書百遍に似たことが行われる例である。

初稿を書き上げるときのコンテクストは特殊性のつよい可能性がある。推敲はそれをより普遍的なコンテクストに立って、見直しをする。作者自らの手による古典化の作業であるということもできる。もっとも、初案がいちばんすぐれていて、推敲によって、かえって作品が崩れるということもないわけではない。

添削や推敲が、俳句とか短歌の短詩型文学において、ことに大きな意味をもっているのは、それだけ言外のコンテクストに依存する度合いが大きいことを物語っている。

ただ、添削はどこか古風な感じを与える。俳句や短歌ならともかく、小説などではほとんど行われない。そればかりか、勝手に他人の書いたものを変えるのは著作権から見ても、あるいは表現の自由の保証の観点からしても、おもしろくない問題があるように考えられる。

それにもかかわらず、添削は、ときとしてすぐれた表現を得る方法であることには変わりがない。

読者の添削

その目ざましい例は、この章のはじめに名をあげたT・S・エリオットの『荒地』であろう。一九二二年に出版されたこの詩は、二十世紀、英語で書かれた詩ではもっとも有名である。早々と古典となった作品である。

ところが、世に知られた『荒地』は初稿ではなかった。推敲されたのでもなかった。アメリカの奇才、エズラ・パウンドの手によって大手術、つまり、添削を受けた結果なのである。パウンドの添削を受けた作品であることは早くから知られていたが、原稿の方は紛失してしまった。エリオット自身、そう言っていた。

ところが、エリオットが亡くなってから、その初稿があらわれた。彼の友人のアメリカの銀行家が亡くなり、その保管していた書類の中にあったのだ。いかに徹底した削除、改変が行われているか、いまはその複製版も出ていて、目のあたりに見ることができる。

『荒地』は近代の欧米においても添削が行われうることを教える。しかも、それがすぐれた作品を生むことも実証した。

一般の読者は、作品に対して、いちいち、添削を行うことはしない。しかし、無意識に、添削をしながら読んでいるものである。自分のコンテクストに合わせて読む。それがとりもなおさず、目に見えない添削になる。

多くの読者が、くりかえしくりかえしこういう読み方をしているうちに、作品そのものが、すこしずつ特殊から普遍へと性格を変える。つまり、古典化するのである。逆から見れば、古典化は作者の意図した意味からの逸脱である。いかなる作品も、作者の考えた通りのものが、そのままで古典になることはできない。だれが改変するのか。読者である。

未知を読もうとして、読者は不可避的に、自分のコンテクストによって解釈する。もしそのコンテクストが不安定であったり、恣意のものであれば、その〝添削〟は不毛に終わる。もし、安定した普遍的なコンテクストによるベーター読みであるならば、作品は新しい生命を与えられる。

読者は、作者とは別の意味において、創造的である。すべてのベーター読みは、作品、表現になにがしかの新しい意味を加えて作品の生まれかわるのに寄与できる。読みはただ受動的であるのではない。

読者が古典を作る

ここで、『ガリバー旅行記』のことを考えてみる。

もとは、腐敗した十八世紀のイギリス政界を諷刺した政治的文学であった。巨人、小人はじめ他の登場人物には、いちいちモデルがあったのである。同時代の人はこれを諷刺として読んだ。

ところが次の時代から、読者のコンテクストが当然ながら大きくずれるようになった。政治的状況がわからなくなったために、諷刺は成立しにくくなる。そこで、読者の創造的な読みが働き出し、やがて、これを文字通りに読む読者があらわれて諷刺ではなくなる。不思議な空想物語はそうしてすこしずつ固まり、ついにはこどもが読むまでになる。作者のジョナサン・スイフトがこれを知ったら、何と言うであろう。

これも読者によって創られた古典の例である。こういうことは何も『ガリバー旅行記』に限ることではない。もともとは歴史であったものが、後世、文学作品となっている例は内外にすくなくない。日記として書かれたものが、後に、文学として多くの読者をもつようになった例もいくつかある。

作者の意図と読者の読みとる意味は、つねに、不一致である。それが読者の創造性のしるしである。その不一致の中から古典的性格が生まれる。作者の考えたとおりのものが古典になる作品がないのは当然である。

未知を読む読者は、たえず誤解と理解のすれすれのところを歩んでいる。よるべきものがなければ、自己のコンテクストによるほかはない。未知を読むことは、しばしば、読者の自己を読むことになる。それが小さな自我でなくて、大きな人間性に裏打ちされているとき、それは万人の認める〝発見〟になる。古典はその結晶だ。

作者は作品を生む。読者は古典をつくる。読みは、かくして、きわめて創造的でありうる。古典にならないものは消える。

6——認知と洞察

発見の可能性

まるで歯が立たない難解な文章もくりかえしくりかえし読んでいると、いつのまにか、わかったというのでもなく、わからないというのでもなく、なんとなく親しい気持をもつようになってくる。いわば素読型である。頭で理解したのではなく、体でわかるわかり方だ。

それと対照的なのが、閃光型ともいうべき理解。前によんだときにはまるで見当もつかなかった本、すこしもおもしろくなくて投げ出してしまった文章がある。それを思い出したように、もう一度読んでみる。やはりわからない。あきらめて、さらに月日が流れる。よほど気になるのであろう。忘れたころに、さらにもう一度挑んでみる。するど、どうだろう。これまで霧の中にあって見えなかったものが、豁然《かつぜん》と視野が開けて、はっきり見えるではないか。発見である。息をのんで読む。そういう読みもある。

そして、改めて、読みということの不思議さを考える。わからないことがどうして、わかるようになるのか。なぜ、読書において発見が可能なのであろうか。

やはり、言語習得と使用の根本に関係するように思われる。われわれのことばには二つの面がある。ひとつは、知っていることを理解したり、表現したりする活動である。

「ネコ」という動物と「ネコ」ということばを知っている人間が、ネコが歩いているのを見て、「ネコがいる」と言う。あるいは、その「ネコがいる」ということばをきいて、ネコがいることを了解する。これはわかっていることがわかったのである。頭の中に、「ネコ」ということば、ネコという動物についての情報が入っている。そこへ、新たにネコということばが与えられる。頭の中の情報と照合され、符合すれば、「わかった」となる。

見覚えのあるものをそれと見分けるのに似た認知である。日常の言語生活の多くはこの過程にもとづいている。既に学習したことばをもとにして、新しい情報を処理して行く。知っていることばであれば、結合は容易に行われる。

これが読みにおいておこれば、本書で考えてきたアルファー読みになる。見てきた野球試合の経過記事がよくわかるのは、再認がほぼ完全に行われるからである。「ネコがいる」という文章がわかるときは、それほど完全な再認と符合は見られない。筆者の「ネコ」と読者の「ネコ」は、さきの野球の試合とは違って、同一ではないからである。それでも読者は、これをほぼ同一に近いものとして、認知する。厳密に考えるならば、実は違う「ネコ」を同一の範疇のものと判断するところには再認を越える部分があるけれども、日常ではそのことはほとんど問題にならない。意識されることもない。これは言語の基本的性格のひとつでもある。

創造的

もうひとつの言語活動は創造である。さきのが、学習、模倣、再認であるとすれば、これは、未知のことばを理解し、使用する活動である。

われわれはいかに多くのことばを知っていても、あらゆる表現について知りつくすことは考えられない。つねに有限の知識によって無限の多様なことばと対応しなくてはならない。

このことは、言語習得の中途にあるこどもにおいてもっとも活発である。ごくわずかしか知っていることばがないのに、わからないことの多く含まれることばをわかろうとするのである。創造的にならざるを得ない。

既知から未知を類推するのは、比喩の作用による。こどもの比喩の能力がきわめて高いのは、必要があってそうなっているのである。やがて、習得した知識がふえてくると、比喩の発動もそれほど必要でなくなってくる。こどものとき詩人的であったのに、大人になると、散文的になるのである。

そもそも、われわれが、未知のことばがわかるのも、主としてこの比喩の方法による発見があるからだと言ってよい。同時にまた、有限のことばによって、それをはるかに超える表現を何とか理解できるのもそのためである。

本書でベータ読みと呼んできた読みは、この言語の創造的機能にもとづいた読みのことにほかならない。ベータ読みの訓練はなるべく年齢の低いときに行った方がよいであろうことは、幼児期がもっともはげしく創造的言語活動をしている点と合わせて考えても首肯されるはずである。

かつて、幼いこどもに漢文の素読を敢行したのは決して乱暴なことではなく、むしろ、合理的だったのかもしれない。

ベーター読みで読むものは既知ではないから、アルファー読みのように再認、認知の方法ではわからない。見抜く力、洞察力、想像力によって解釈する。

その洞察による読み方のことを、よく〝眼光紙背に徹す〟とか〝行間を読む〟と言う。つまり、表現だけではわからない。言外の意味を発見する必要があって、古くからこの〝行間を読む〟読み方は行われてきた。これらをすべてベーター読みと考えることもできないことはない。

落とし穴

この〝行間を読む〟にも、大きく言って二つの方向がある。〝個性的と古典的とである。

かりに、わからない文章があるとする。考え考え行間を読んでいるうちに、おのずから関心が、筆者の考えから、筆者の人となり、思想といった伝記的な面へ向かって行くのが、個性的な読みである。表現を通じて、筆者の人間への興味がもたれるようになる。伝記的事実が求められ、ときとして、ゴシップ的知識さえ珍重される。

筆者がこうして、身近なものに感じられるようになると、筆者に関する伝記的知識を下敷にして表現を読むことができるようになる。そこに感情移入が誘発される。感情移入によってわかったと感じると、感動として意識されることもある。文学作品の感動はこのようにして、筆者の人間に関心の向けられた個性的読みにもとづいていることがすくなくない。

そういう伝記的読みの困難な哲学とか科学の本を読んですこしもおもしろくないと感じるのは、個性的読みのみをベーター読みと考えている人たちによくある落し穴である。一般に、文科的と理科的な態度の分かれ目もまた、この個性的読みをするかどうかにかかっている。個性的読みはいわば文学青年の読み方である。

それに対して古典的読みは、哲学的である。表現の形式から迫って行く。未知のところは、筆者の個人的コンテクストに照してではなく、普遍的コンテクストへ関連づけて理解しようとする。これには、一度だけではなく、反覆読み返されるのが有効であるのははっきりしている。筆者の個人的事情に関する二次的知識は援用しない。もっぱら、本文を問題にする。その行間を読んでも、筆者の人間の方向へは進まない。

このように古典的読み方をされているうちに、文章や作品は古典化を促される。みずから典型を求めて変化する。それが成功しないものは、後あと残るものにはならない。

古典化読みの必要

これまでのベーター読みでは、この古典的読みがすくなかったきらいがある。ことに文学作品などではどうしても感情移入が先に立つこともあって、ベーター読みがいつとはなしにアルファー読みに風化してしまっていることもある。文学作品がアルファー読みからベーター読みへの橋渡しとして、かならずしも理想的でないことは前にものべたが、ベーター読みの対象としては、作者、作品と読者との間におこる感情移入が読者の発見を妨げることがあるという泣きどころをもっている。よりきびしい古典化読みが求められなくてはならない。

ひたすら本文に徹して未知を読む古典化読みは、感情移入のおこりやすい日常的な母国語ではむずかしいのかもしれない。そういうじゃまの入りにくい外国語、古典による訓練が、この種のベーター読みに不可欠になる。

個性化読みが感情移入の情緒を主とするものであるのに対して、古典化読みは、幾何学的な性格をもっている。これまでは、文学的なベーター読みが主流を占めていた事情もあって、幾何学的抽象化をともなうベーター読みは、いまなお、ほとんど一般的になっていない。

このことは、教育全体の根幹にかかわる。感情移入のおこらない、ストーリーのないものは、すべて難解でおもしろくないもの、ときめつけてしまうような読みについての常識があっては、文学以外に読書はみとめられなくなってしまう。いくらたくさん本を読んでも、知っていることしかわからない。未知のことは感情移入がおこるようなものしかわからない。というのでは読書は未知を知る手段として機能を果たすことは困難である。

この本では、読みをアルファー読みとベーター読みに区別した。現在の教育は、アルファー読みから入って、ベーター読みに移行しようとする近代的方法をとっているが、これが仇になって、多くのものを読んでいるのに、ベーター読みに達しないままに終わる人間を多く生んできた。

もう一度、読書の方法を検討する必要がある。そういう観点に立って、ベーター読みの必要を訴える。とくに、そのうちの幾何的抽象の読み方は〝発見〟になるすばらしい可能性を秘めている。それは新しい知的世界の発見につながる。

ひとりひとりの読者の手によって古典が生まれる。そのための読書の方法はどうあるべきか。これは、およそものを読むすべての人の関心事でなければならない。

エピローグ　「モモタロウ」解読

これまでのべてきたベーター読みの臨床例として、童話の解釈を試みる。

われわれは、みな、モモタロウの話は知っている。覚えていて話すことができる人もすくなくない。もちろん、よくわかったつもりである。

ところが、こどもから、「どうしてモモから赤ん坊が生まれるのか」ときかれて、まっとうに答えられる人はないだろう。「どうして、モモタロウのサルやキジ、イヌは人間のことばがつかえるのか」と訊ねられて、明快な答えの出来るのは、普通ではない。わからないから適当にごまかすのが精いっぱい。バカなことをきくものではないと叱りつける親だっているかもしれない。

モモタロウの話をよく知っていると思っても、それはアルファー読み（聞き？）でわかっているだけである。内容の意味がわかっているわけではない。ただ、ことば面で話の筋をつけているにすぎないのである。

＊

おじいさんは山に柴刈りに、おばあさんは川へ洗濯に行く。おばあさんは洗濯をするほかに、モモをひろいに川へ行くのである。川上からモモが流れてくる。いくつも流れてくる、中でもっとも美事なモモをひろってもって帰る。

このモモは果物ではなくて若い女性である。流れてくるモモは、近所のモモではなく、遠くのモモである。川上から流れてきたからといって、モモさんが流れものだなどというのではない。他所のモモであるところが大事な点である。モモなら、近くに、いくらでもなっている。しかし、そういうモモではいけないので、わざわざ遠くのモモをさがし求めに行く。

その地方では、弱いこどもが多くて困っていたのである。どうして虚弱児が生まれるか人々はいろいろ考えて、原因をつきとめた。近いモモをお嫁さんに迎えるのがいけない。近親結婚でなくても、血縁のつながりのあるものが結ばれて生まれる子は弱いことが多いということを人々は経験によって知った。とにかく遠くのモモを迎えようということになり、おばあさんは、その嫁選びに川へ出かけた。洗濯はついでの仕事にすぎない。

つまり、モモタロウの話は、はじめのところで、近親結婚の危険を暗示していると考えてよい。こういう知識は、広く人々に知ってもらうには、お話にして広めるほかなかった。

モモからこどもが生まれるというところはこどものとき、だれでも、おかしい、と思うけれども、なぜか、質問しにくい。ききにくいあるものをこどもながら感じるからである。

いくらなんでも、果物のモモから人間の赤ちゃんは生まれない。しかし、このモモが、人間の体のモモとなれば話は別。モモはお腹と言ってもよいのである。ヨーロッパでは、モモのことを腰（ロイン）と呼び、聖書にも、「ロイン、腰より生まれし子」といった文句が散見する。モモから子が生まれてもすこしもおかしくない。そこを上品にたとえたのである。

こうして遠くから迎えたお嫁さんの子であるから、心身ともに健全である。〝気はやさしくて力もち〟りっぱな人間になる。ただ、りっぱというだけではない。すぐれた仕事をしたのである。もっとも大きな業績は、戦乱の世の中をおさめて平穏をとりもどした政治である。

かねて、イヌ、サル、キジの部族は、互いに犬猿の仲、つまり、ことごとに衝突し、争っていた。頭領はともかく、その下にいるものたちの苦しみはたいへんである。しかし、イヌ、サル、キジが和平に向けて協調するなどということは金輪際あり得ない。

モモタロウは、この争乱をなんとか収拾しようと努力する。これが容易ではないのは、いまどこかの大統領が手を出してうまくいかずさんざん苦労しているのでもわかるように、もっとも高度の政治力を要する。モモタロウにはそれがあった。ただでは言うことをきかせられない。武力で圧倒するのでもなく、平和的話し合いで臨むのではなく、力で押え込むのではなく、キビダンゴをやる。色からして黄金色、小判だったかもしれないし、キビダンゴの出来る領地だったかもしれない。三者を集めて和平会議をしてもうまく行かないことくらい、モモタロウは先刻承知である。イヌと話をつけ、主従の関係を確立。ついで、サル、キジを同じく、部下にする。いまや同じボスに従うものとなったイヌ、サル、キジは、もはやかつてのように互いに争うことはできない。自然に平和になる。モモタロウは平和裡に天下をわがものにすることが出来たわけで、そんじょそこいらの親分などとはわけがちがう。

大大将となってもモモタロウはおごり高ぶったり、安逸にふけるということはなかった。この平和をいかにして永続させるかを考える。かつては互いに争い合っていたイヌ、サル、キジがいまや共同の首領のもとで働くことになっている。互いに、力を合わせれば、クーデターをおこして、モモタロウを亡きものにして天下をとることも、あながち夢ではない。部下とはそういうことを考えるものであることをモモタロウは承知していた。寝首を掻かれるほどモモタロウは愚かではない。

鬼が島の不正、不法を正すという大義名分を新しい目標にして、イヌ、サル、キジの結束と、モモタロウの支配権の強化がはかられる。あくまで、正攻法で、賢明である。現代の政治家としても手本にすべきところがすくなくないだろう。こうして気はやさしくて力もちのモモタロウは世のため人のために多くのことをなしとげたのである。

＊

言うまでもないことながら、モモタロウの話の意味はこれだというのではない。いわんやこのように解釈すべきであるなどと言うのではない。ただ、ありえないことをそのまま信じてしまうのではなくて、いかにも素朴な話の裏に、伝えようとしているメッセージがあるのではないか、と考えてベーター読みをすると、こうなるというのである。

さきのモモタロウ解釈は、ベーター読みで得られたひとつの〝意味〟である。おそらく、これとそっくりの解釈をする人は、ほかにないだろう。しかし、この試みは、自分にはおもしろく感じられる。これもほかの人の共感を得ないかもしれないが、ベーター読みの読み手は、自分だけの意味をとることが出来ればそれで満足する。

アルファー読みには、誤解、誤読ということがある。テストで誤りとされることもある。ベーター読みは、個性的であって、ひとりひとり違う。十人十色の解になるのが正常であって、一致するとすれば異常である。

個性的であると同時に自由である。かならずしも書いた人の意図に拘束されない。自分の考え、反応に忠実になることで、創造的である。書き手、作者が創造的であるのを一次的創造と考えるならば、ベーター読みの読者は第二次的に創造的である。受身一方のものではない。そこに新しいものを生み出す喜びとおもしろさがある。

いかに細かく書いた文章でも、第三者からすれば、不明なところ、不可解なところが随所にひそんでいる。そのわからないところがすなわち読者の未知である。これは読者自らによって解明するほかはない。解明はしばしば発見になる。これが筆者、作者とかかわりが薄いのは言うまでもない。創造的であり創作的な読みは、その不明部分を補充して、その読者に固有の意味をつくり上げる。

これがしばしば、作者をおどろかし、作者を喜ばせる創出であることが可能であって、ベーター読みの醍醐味もまさにここに極まると言うことが出来る。

あとがき

本が読まれなくなった、活字離れがおきている。しきりにそういう声が聞かれる。なにを基準にして、読まれなくなったと言うのか、一般には、かならずしもはっきりしないけれども、読みによって自分をのばすということがすくなくなっているのはたしかなようである。

しかし、ただたくさん読めばいい、といった量だけを問題にしているのでは充分でないような気がする。量の問題のかげにかくれて、質を問うことがおろそかにされていては困る。

この本は、どういう読み方が、本当の読みと言えるものであるか、われわれの精神をきたえ、真に新しい知識を獲得するにはいかなる読み方をすべきか、を追求したものである。

既知を読むアルファー読みと未知を読むベーター読みの区別と、前者から後者への移行・考察は、リーディングの新しい地平をひらくものである。

この『「読み」の整理学』は『読書の方法』(講談社現代新書)にもとづいているが、ちくま文庫に入るに当り、序章、エピローグを加えた。ほかにも部分的に書き改めたところがすくなくない。

二〇〇七年盛夏

著　者

本書は一九八一年一一月、講談社から刊行された『読書の方法』
（講談社現代新書）に加筆・修正したものである。

ちくま文庫

「読《よ》み」の整理学《せいりがく》

二〇〇七年十月十日　第一刷発行

著者　外山滋比古（とやま・しげひこ）
発行者　菊池明郎
発行所　株式会社　筑摩書房
東京都台東区蔵前二―五―三　〒一一一―八七五五
振替〇〇一六〇―八―四一二三
装幀者　安野光雅
印刷所　中央精版印刷株式会社
製本所　中央精版印刷株式会社

乱丁・落丁本の場合は、左記宛に御送付下さい。
送料小社負担でお取り替えいたします。
ご注文・お問い合わせも左記へお願いします。
筑摩書房サービスセンター
埼玉県さいたま市北区櫛引町二―六〇四　〒三三一―八五〇七
電話番号　〇四八―六五一―〇〇五三

ISBN978-4-480-42380-1　C0195